Kohlhammer

KinderStärken
Herausgegeben von Petra Büker
Band 5

Die Reihe im Überblick

Band 1: Petra Büker (Hrsg.): Kinderstärken – Kinder stärken. Erziehung und Bildung ressourcenorientiert gestalten
Band 2: Petra Völkel: Entwicklung, Lernen und Förderung der Jüngsten
Band 3: Renate Niesel & Wilfried Griebel: Übergänge ressourcenorientiert gestalten: Von der Familie in die KiTa
Band 4: Dagmar Kasüschke: Kinderstärkende Pädagogik und Didaktik in der KiTa
Band 5: Melanie Eckerth & Petra Hanke: Übergänge ressourcenorientiert gestalten: Von der KiTa in die Grundschule
Band 6: Susanne Miller & Katrin Velten: Kinderstärkende Pädagogik in der Grundschule
Band 7: Julia Höke, Agnes Kordulla & Petra Büker: Bildungsdokumentation stärkenorientiert gestalten
Band 8: Birgit Hüpping & Petra Büker: Kulturelle Vielfalt. Kinderstärkende Pädagogik
Band 9: Charlotte Röhner & Kathrin König: Kinder stärken in Sprache(n) und Kommunikation
Band 10: Katja Koch: Übergänge ressourcenorientiert gestalten: Von der Grundschule in die weiterführende Schule

Melanie Eckerth
Petra Hanke

Übergänge ressourcenorientiert gestalten: Von der KiTa in die Grundschule

Verlag W. Kohlhammer

Dieses Werk einschließlich aller seiner Teile ist urheberrechtlich geschützt. Jede Verwendung außerhalb der engen Grenzen des Urheberrechts ist ohne Zustimmung des Verlags unzulässig und strafbar. Das gilt insbesondere für Vervielfältigungen, Übersetzungen, Mikroverfilmungen und für die Einspeicherung und Verarbeitung in elektronischen Systemen.

Die Wiedergabe von Warenbezeichnungen, Handelsnamen und sonstigen Kennzeichen in diesem Buch berechtigt nicht zu der Annahme, dass diese von jedermann frei benutzt werden dürfen. Vielmehr kann es sich auch dann um eingetragene Warenzeichen oder sonstige geschützte Kennzeichen handeln, wenn sie nicht eigens als solche gekennzeichnet sind.

1. Auflage 2015

Alle Rechte vorbehalten
© W. Kohlhammer GmbH, Stuttgart
Gesamtherstellung:
W. Kohlhammer GmbH, Heßbrühlstr. 69, 70565 Stuttgart
produktsicherheit@kohlhammer.de

Print:
ISBN 978-3-17-024243-2

E-Book-Formate:
pdf: ISBN 978-3-17-024244-9
epub: ISBN 978-3-17-024245-6
mobi: ISBN 978-3-17-024246-3

Für den Inhalt abgedruckter oder verlinkter Websites ist ausschließlich der jeweilige Betreiber verantwortlich. Die W. Kohlhammer GmbH hat keinen Einfluss auf die verknüpften Seiten und übernimmt hierfür keinerlei Haftung.

Vorwort der Herausgeberin

Das Kind als Gestalter und als kompetenter Akteur seiner Lebens- und Bildungsbiografie: Diese im Sozial-Konstruktivismus verankerte Sicht auf das Kind steht aktuell im Fokus pädagogischer, psychologischer und soziologischer Diskurse sowie in Bildungsplänen für Kinder im Elementar- und Grundschulbereich. Kinder verfügen für die Gestaltung ihrer pluralen, komplexen Lebenswelten über enorme Stärken, die es durch Familie, Peers sowie pädagogische Fach- und Lehrkräfte als kompetente Mit-Akteure zu erkennen und zu stärken gilt. Diese Grundidee wird in der neuen Fachbuch-Reihe KinderStärken aufgegriffen und entlang der Lebensspanne von der Geburt bis zum Übergang in die weiterführende Schule in zehn Bänden kritisch und differenziert beleuchtet. Ein interdisziplinäres Autorenteam, bestehend aus Expertinnen und Experten aus dem Bereich der Früh-, Elementar- und Grundschulpädagogik sowie der Entwicklungspsychologie, widmet sich in jeweils einem Band ausführlich einer spezifischen Lebensspanne, wissenschaftlich fundiert und nah an der pädagogischen Praxis.

Der vorliegende fünfte Band der Reihe thematisiert den Übergang von der Kindertageseinrichtung in die Grundschule, der als gesellschaftlich initiierte Entwicklungsaufgabe Kinder und ihre Bildungsbegleiter vor besondere Herausforderungen stellt. Petra Hanke und Melanie Eckerth setzen im Rekurs auf einen ökosystemischen Transitionsansatz auf die Kompetenz des Kindes für die Bewältigung dieses besonderen Überganges (im Sinne von »Kinderstärken«) und zugleich auf die Kompetenz des sozialen Systems (im Sinne von »Kinder stärken«). Auf der Grundlage aktuellster Studien, bedeutsamer Theorieansätze und praktischer Beispiele arbeiten die Autorinnen auf sehr systematische Weise Schutzfaktoren heraus, die für eine erfolgreiche Bewältigung des Übergangs in die Grundschule als erste Schule des Kindes relevant sind. Insbesondere die Kooperation von KiTa und Grundschule und die Neugestaltung der Schuleingangsstufe rücken als Gelingensbedingung und neue Professionsanforderung in den Fokus einer Kinder stärkenden Transition. Der Band besticht durch seine gut recherchierte, ausgesprochen übersichtliche Darstellung des aktuellen Forschungs- und Entwicklungsstandes zur Übergangsthematik und hält sowohl für wissenschaftlich Interessierte, für pädagogische Fach- und Lehrkräfte als auch für Eltern interessante Diskussionsimpulse bereit.

Petra Büker

Inhaltsverzeichnis

Vorwort der Herausgeberin		5

Einleitung		11

1	Der Übergang von der KiTa in die Grundschule	15
1.1	Die Einschulung in die Grundschule im Kontext eines veränderten Schulfähigkeitsverständnisses	16
1.2	Der Übergang von der KiTa in die Grundschule als Transition	23
1.3	Anschlussfähigkeit im Übergang von der KiTa in die Grundschule	29

2	Herausforderungen an Kinderstärken im Rahmen der Bewältigung des Übergangs von der KiTa in die Grundschule	34
2.1	Entwicklungsaufgaben für Kinder im Übergang von der KiTa in die Grundschule im Sinne des Transitionsansatzes	36
2.1.1	Entwicklungsaufgaben für Kinder auf individueller Ebene	36
2.1.2	Entwicklungsaufgaben für Kinder auf interaktionaler Ebene	39
2.1.3	Entwicklungsaufgaben für Kinder auf kontextueller bzw. institutioneller Ebene	43

Inhaltsverzeichnis

2.2	Vorstellungen von Kindern bezogen auf den Übergang in die Grundschule	46
3	**Kinder individuell stärken für eine erfolgreiche Bewältigung des Übergangs von der KiTa in die Grundschule**	**52**
3.1	Merkmale eines von Kindern erfolgreich bewältigten Übergangs von der KiTa in die Grundschule	54
3.2	Schutzfaktoren für eine erfolgreiche Bewältigung des Übergangs von der KiTa in die Grundschule durch Kinder im Sinne des Transitionsansatzes	58
3.2.1	Schutzfaktoren auf individueller Ebene	58
3.2.2	Schutzfaktoren auf interaktionaler Ebene	65
3.2.3	Schutzfaktoren auf kontextueller bzw. institutioneller Ebene	70
4	**Kinder stärken im Übergang durch eine Kooperation von Familie, KiTa und Grundschule**	**81**
4.1	Zentrale Zielstellungen und Merkmale einer Kooperation von Familie, KiTa und Grundschule	82
4.2	Ausgewählte Formen der Kooperation von KiTa, Grundschule und Familie	85
5	**Kinder stärken durch Maßnahmen zur bildungsstufenübergreifenden Förderung**	**92**
5.1	Zentrale Zielstellungen und Merkmale bildungsstufenübergreifender Bildungs- und Erziehungspläne	93

5.2	Ausgewählte Projekte zur bildungsstufenübergreifenden Förderung von Kindern	95

6 Kinder stärken durch Maßnahmen zur Neugestaltung der Schuleingangsphase — 102

6.1	Zentrale Zielstellungen und Merkmale einer Neugestaltung der Schuleingangsphase	103
6.2	Ausgewählte Modellversuche zur Neugestaltung der Schuleingangsphase	107

7 Den Übergang von der KiTa in die Grundschule ressourcenorientiert gestalten – Fazit und Ausblick — 112

Literaturverzeichnis — 119

Einleitung

Der Übergang von der Institution KiTa in die Institution Grundschule stellt ein zentrales Ereignis im Lebensverlauf eines Kindes dar. Im Sinne des Transitionsansatzes wird dieser Übergang als ko-konstruktiver Prozess verstanden, den das Kind, die Familie, die KiTa und die Grundschule, wenngleich auch in unterschiedlichen Rollen, gemeinsam gestalten (vgl. Kapitel 1.2). So weisen die pädagogischen Akteure beider Einrichtungen primär eine moderierende und unterstützende Funktion auf, während Kinder im Übergangsprozess zahlreiche Entwicklungsaufgaben aktiv bewältigen müssen (vgl. Griebel & Niesel, 2011). Den Eltern kommt wiederum eine gewisse Doppelfunktion zu. So haben sie auf der einen Seite ebenfalls die Aufgabe, ihre Kinder im Prozess der Übergangsbewältigung zu begleiten. Auf der anderen Seite müssen sie aber auch selbst den Übergang und die hiermit verbundenen Herausforderungen aktiv bewältigen (vgl. Hiebl & Niesel, 2012).

Im vorliegenden Band steht die Übergangsbewältigung durch Kinder im Fokus (vgl. Kapitel 2) und die Frage, wie der Übergang von der KiTa in die Grundschule für sie ressourcenorientiert gestaltet werden kann. In den Blick genommen wird beispielsweise, wie Kinder selbst den Übergang bewältigen (vgl. Kapitel 2) und wie sie in diesem Prozess unterstützt und im Übergang von der KiTa in die Grundschule in ihrer Entwicklung anschlussfähig gefördert werden können (vgl. Kapitel 3 bis Kapitel 6). Dies erscheint von besonderer Relevanz, da Forschungsbefunde in den letzten Jahren verstärkt auf die Bedeutung einer möglichst früh beginnenden, kontinuierlichen Förderung von Kindern für ihren weiteren Bildungserfolg verweisen. Ergebnisse der IGLU-Studie verdeutlichen z. B., dass ein früher Besuch einer KiTa in einem Zusammenhang mit höheren Lesekompetenzniveaus in der Grundschule steht (vgl. Bos et al., 2007; Hasselhorn & Kuger, 2014). Befunde des Forschungsprojektes »Kinder von 4 bis 8 Jahren – Zur

Einleitung

Qualität der Erziehung und Bildung in Kindergarten, Grundschule und Familie« machen wiederum auf die Bedeutsamkeit der Qualität der pädagogischen Arbeit für die Entwicklung von Kindern aufmerksam (vgl. Tietze, 2004). Diese Befunde verdeutlichen somit sowohl die wichtige Position des elementarpädagogischen Bereichs als eigenständiger Bildungsphase als auch ihre Relevanz für das weitere Lernen der Kinder, z. B. im Primarbereich (vgl. Hanke & Hein, 2010). Daher stellt sich u. a. die Frage, wie der Übergang von der KiTa in die Grundschule anschlussfähig gestaltet werden kann (vgl. Kapitel 1.3). Mit Blick auf die Kinder geht es beispielsweise darum, im Sinne einer bildungsstufenübergreifenden, individuell anschlussfähigen Förderung, in der Grundschule an ihre individuellen (Vor-)Erfahrungen und (Lern-)Voraussetzungen aus der KiTa anzuknüpfen und sie hierauf aufbauend in ihrer weiteren Entwicklung zu begleiten und zu unterstützen, sowohl was die Entwicklung lernbereichsspezifischer und -übergreifender Kompetenzen als auch die Bewältigung des Übergangs selbst anbelangt. Als Grundlage für das pädagogische Handeln der beteiligten Akteure (aus KiTa und Grundschule, aber auch aus dem Elternhaus) erscheint in diesem Kontext eine kompetenz- und ressourcenorientierte Perspektive auf das Kind elementar, die sich u. a. in einem veränderten Schulfähigkeitsverständnis widerspiegelt (vgl. Kapitel 1.1) und die Förderung aller Kinder vorsieht; ein Grundgedanke, der sowohl dem Auftrag der Grundschule inhärent ist (vgl. u. a. MSW NRW, 2008) als auch in der aktuellen Inklusions-Debatte noch einmal verstärkt Bedeutung erfährt (vgl. u. a. Siedenbiedel, 2014).

In diesem Sinne werden im vorliegenden Band aus einer kompetenz- und ressourcenorientierten Perspektive heraus auf der einen Seite »Kinderstärken« bzw. mögliche individuelle, interaktionale und kontextuelle Ressourcen von Kindern für die Bewältigung des Übergangs von der KiTa in die Grundschule in den Blick genommen. Auf der anderen Seite werden zugleich unterschiedlichste Maßnahmen thematisiert, die z. B. von Seiten der beteiligten (pädagogischen) Akteure und Institutionen dem Ziel dienen können, »Kinder« für eine erfolgreiche Übergangsbewältigung zu »stärken«. In diesem Kontext wird im Band neben der Erörterung theoretischer Grundlagen auch ein Einblick in nationale und internationale Forschungsbefunde zum Thema gegeben. Zudem werden ausgewählte Praxis- bzw. Fallbeispiele sowie Modellprojekte vorgestellt.

Insgesamt gliedert sich der vorliegende Band wie folgt: In Kapitel 1 wird zunächst ein erster Überblick über das (aktuelle) Schulfähigkeitsverständnis, über die mit dem Übergang bzw. der Transition von der KiTa in die Grundschule verbundenen Herausforderungen und Charakteristika und über Möglichkeiten der Gestaltung eines anschlussfähigen Übergangs gegeben. Diese in Kapitel 1 thematisierten Aspekte werden im weiteren Verlauf des Bandes immer wieder aufgegriffen und weiter vertieft. So stehen die aus theoretischer und empirischer Sicht mit dem Übergang von der KiTa in die Grundschule verbundenen individuellen, interaktionalen und kontextuellen Entwicklungsaufgaben für Kinder bzw. herausgeforderten Stärken von Kindern sowie ihre Vorstellungen selbst bezogen auf den Übergang im Fokus des 2. Kapitels. Diese Ausführungen bilden eine wichtige Basis dafür, um in Kapitel 3 näher in den Blick zu nehmen, welche individuellen, interaktionalen und kontextuellen bzw. institutionellen Schutzfaktoren Kinder wiederum für eine erfolgreiche Bewältigung des Übergangs stärken können. Eine Kooperation von KiTa, Grundschule und Elternhaus erscheint in diesem Kontext elementar. Daher werden in Kapitel 4 zentrale Zielstellungen und Merkmale einer entsprechenden Zusammenarbeit sowie mögliche Formen der Kooperation unter Berücksichtigung der verschiedenen am Übergangsprozess beteiligten Akteursgruppen (Kinder, Eltern, pädagogische Akteure aus beiden Institutionen) noch einmal zusammenfassend thematisiert und bezogen auf ihre Potenziale für eine anschlussfähige, ressourcenorientierte Übergangsgestaltung reflektiert. In den beiden nachfolgenden Kapiteln werden weitere Möglichkeiten zur Gestaltung eines anschlussfähigen Übergangs von der KiTa in die Grundschule vertiefend vorgestellt, die stärker noch auf einer sys-

Einleitung

temischen Ebene verankert sind. So werden in Kapitel 5 sowohl zentrale Zielstellungen und Merkmale bildungsstufenübergreifender Bildungs- und Erziehungspläne als auch ausgewählte (Modell-) Projekte zur bildungsstufenübergreifenden Förderung von Kindern dargestellt, während in Kapitel 6 Maßnahmen und Modellversuche zur Neugestaltung der Schuleingangsphase thematisiert werden. In einem abschließenden Fazit (Kapitel 7) werden zentrale Gedanken des Bandes noch einmal zusammengefasst und es wird ein Ausblick auf weitere Themenfelder im Kontext einer ressourcenorientierten Übergangsgestaltung gegeben.

1

Der Übergang von der KiTa in die Grundschule

Der Übergang von der Institution KiTa in die Institution Grundschule stellt, wie zuvor erwähnt, ein zentrales Ereignis im Leben eines Kindes dar. Wann ein Kind in die Schule eintritt, ist sowohl von gesetzlichen Grundlagen als insbesondere auch vom jeweils vorherrschenden Schulreife- bzw. Schulfähigkeitsverständnis abhängig. Daher wird in Kapitel 1.1 zunächst ein Verständniswandel von der Schulreife zur Schulfähigkeit thematisiert, um schließlich zentrale Charakteristika einer aktuellen Auffassung von Schulfähigkeit herauszuarbeiten und die damit verbundenen Konsequenzen für die Schuleingangsdiagnostik und Einschulungspraxis auf zuzeigen. Der Übergang selbst ist wiederum aus Perspektive der

1 Der Übergang von der KiTa in die Grundschule

Kinder und auch Eltern als Transition zu verstehen, d. h. als Veränderungsprozess, der mit massiven Umstrukturierungen einhergeht und intensive Lernerfahrungen notwendig macht. Auf das diesem Verständnis zugrunde liegende Transitionsmodell und seine Hintergründe wird in Kapitel 1.2 eingegangen, bevor in Kapitel 1.3 ein Überblick über Maßnahmen zur Gestaltung eines anschlussfähigen Übergangs von der KiTa in die Grundschule gegeben wird, die im Verlauf des Buches immer wieder aufgegriffen werden.

1.1 Die Einschulung in die Grundschule im Kontext eines veränderten Schulfähigkeitsverständnisses

Das Verständnis von der Schulreife bzw. Schulfähigkeit eines Kindes hat sich in den vergangenen Jahrzehnten stark gewandelt. Hiermit geht auch eine Veränderung der Schuleingangsdiagnostik und Schuleintrittspraxis einher sowie der Vorstellungen darüber, wie Kinder bezogen auf die Entwicklung von Schulfähigkeit unterstützt werden können und welche Kontextbedingungen hierbei von Bedeutung sind (vgl. im Folgenden Hanke, 2007; Kammermeyer, 2005; Kammermeyer, 2014; Knörzer, Grass & Schumacher, 2007).

So wurde in den 1950er und 1960er Jahren auf der Grundlage der *Reifungstheorie* nach Kern davon ausgegangen, dass Schulreife als Resultat eines endogen gesteuerten Entwicklungsprozesses des Kindes anzusehen ist, auf den eine Förderung in Elternhaus, KiTa oder Schule keinen Einfluss nehmen kann. Vielmehr wurde angenommen, dass die Fähigkeiten eines Kindes sich nach einem »inneren Bauplan« (Knörzer, Grass & Schumacher, 2007, S. 117) entwickeln und jedes Kind somit irgendwann automatisch schulreif wird. Ziel der Schulreifediagnostik war es daher, im Sinne einer Selektion zu überprüfen, ob ein Kind diesen Status bereits erreicht hat oder ob zunächst noch eine Zurückstellung vom Schulbesuch erfolgen sollte. Zugleich wurde die Auffassung vertreten, dass unterschiedliche Fähigkeiten des Kindes in etwa gleichschrittig heranreifen und somit vom Reifestand einer Fähigkeit auf andere geschlossen werden kann. Daher konzentrierte sich die Schuleingangsdiagnostik in der Regel lediglich auf ein Merkmal, wie die visuelle Gliederungsfähigkeit des Kinders oder auch sein körperlicher Entwicklungsstand. Im Rahmen der Philippinerprobe wurde beispielsweise geschaut, ob ein Kind mit dem Arm über dem Kopf bereits das linke Ohr erreichen kann. So sollte überprüft werden, ob sich die für die ersten Lebensjahre charakteristische relative Unproportionalität des Körpers, mit einem großen Kopf und kurzen Gliedmaßen, bereits hin zu einer stärkeren Proportionalität, d. h. einem längeren Körper und längeren Armen und Beinen, gewandelt hat (vgl. ebd.). Das zuvor skizzierte Verständnis von Schulreife gilt heute allerdings als eindeutig widerlegt (vgl. Hanke, 2007; Kammermeyer, 2014).

Als ebenfalls widerlegt gelten *eigenschaftstheoretische Vorstellungen*, im Kontext derer davon ausgegangen wurde, dass ein Mensch über »ein ganzes Bündel von relativ stabilen Fähigkeiten und Eigenschaften« (ebd., S. 295) verfügt, die ihn von anderen Menschen unterscheiden. Schuleingangsdiagnostik berücksichtigte demnach nicht länger nur ein Kriterium, sondern wurde durch weitere Kriterien ergänzt wie z. B. Gedächtnis- und Wahrnehmungsleistungen, feinmotorische Fähigkeiten und die Fähigkeit zur Mengenerfassung. Sie diente allerdings weiterhin der Selektion der Kinder, bei denen bestimmte, für den Schulbeginn als notwendig erachtete Kompetenzen und Eigenschaften noch nicht ausreichend gereift bzw. entwickelt waren (vgl. ebd.; Kammermeyer, 2005).

Ein Paradigmenwechsel in der Entwicklungspsychologie in den 1970er Jahren führte schließlich dazu, dass aus einer *lerntheoretischen Perspektive* heraus ein Verständnis von Schulfähigkeit als einer naturgegebenen Eigenschaft des Kindes verworfen wurde.

1 Der Übergang von der KiTa in die Grundschule

Entwicklungs- und lernpsychologische Studien hatten gezeigt, dass die Entwicklung von Kindern durch Förderung gezielt unterstützt werden kann. Als Konsequenz wurden Kinder z. B. mit Vorschulmappen und Trainings intensiv auf die Schule vorbereitet. Das Verständnis von Schulfähigkeit orientierte sich nun an den Anforderungen der Schule und daran, was ein Kind zu Schulbeginn können muss, um im weiteren Verlauf den Lehrzielen gerecht werden zu können (vgl. Hanke, 2007). Schuleingangsdiagnostik sollte daher Einblicke in die Stärken und Schwächen sowie die Lernbedingungen von Kindern ermöglichen (vgl. ebd.; Kammermeyer, 2005).

Der Blick auf die Kontextbedingungen kindlicher Entwicklung wurde seit den 1980er Jahren im Rahmen eines *ökologisch-systemischen Verständnisses von Schulfähigkeit*, welches maßgeblich auf Nickel zurückzuführen und auch heute noch von Bedeutung ist, stark erweitert. Schulreife, wie Nickel es nun wieder nannte, bzw. Schulfähigkeit wird in diesem Zusammenhang als ein »interaktionistisches ökopsychologisches Konstrukt« (Kammermeyer, 2014, S. 296) verstanden, welches von vier Teilkomponenten abhängig ist, die wiederum in enger Wechselwirkung zueinander stehen (vgl. im Folgenden Knörzer, Grass & Schumacher, 2007; Nickel, 1988; Plehn, 2012). Eine Teilkomponente stellt die Schule mit ihren spezifischen Strukturen (z. B. Stellung und Aufgaben der Grundschule im Schulsystem), ihren Anforderungen (z. B. im Kontext von Richtlinien und Lehrplänen) und Lernbedingungen (z. B. Unterrichtsorganisation, praktizierte Methoden, Unterrichtsatmosphäre, Handeln der Lehrkraft) dar. Hinzu kommt die Teilkomponente der einzelnen Schülerinnen und Schüler mit ihren individuellen körperlichen, geistigen, sozial-emotionalen und motivationalen Voraussetzungen etc. Diese ist wiederum u. a. in Wechselbeziehung zur Teilkomponente Ökologie zu betrachten, zu der neben der familiären Ökologie (z. B. sozioökonomischer Hintergrund, häusliche Anregungen) auch die vorschulische Ökologie (z. B. Struktur und Ausstattung der Vorschuleinrichtung, pädagogische Qualität) und erneut die schulische Ökologie (z. B.

1.1 Die Einschulung in die Grundschule

räumliche, materielle und personelle Ausstattung) gezählt werden kann. Das Zusammenspiel dieser unterschiedlichen Komponenten ist wiederum eingebettet in einen gesamtgesellschaftlichen Kontext, welcher z. B. durch gewisse soziale und ökonomische Strukturen, gesetzliche Rahmenbedingungen, allgemeine Ziel- und Wertvorstellungen oder auch eine spezifische gesellschaftliche Leistungskultur geprägt wird. Schulfähigkeit hängt demnach nicht nur vom einzelnen Kind und seiner Familie ab, sondern auch von den jeweiligen Institutionen, wie die abgebende KiTa und die aufnehmende Grundschule, und vom gesellschaftlichen Kontext.

Ein Beispiel für ein Diagnoseverfahren im Sinne eines ökologisch-systemischen Verständnisses von Schulfähigkeit ist das »Kieler Einschulungsverfahren« (Fröse, Mölders & Wallrodt, 1986). Dieses beinhaltet u. a. ein Elterngespräch zur sozialen, emotionalen und motivationalen Entwicklung der zukünftigen Schulanfänger. Ebenso ist das Einholen von Informationen aus der vorschulischen Einrichtung vorgesehen, z. B. in Form eines Berichtes, was heute über eine Bildungsdokumentation möglich wäre. Mit den Kindern selbst wird in Gruppen ein Unterrichtsspiel durchgeführt, welches der Diagnose verschiedener Entwicklungsbereiche dient, z. B. Gliederungsfähigkeit, Grob- und Feinmotorik, Auge-Hand-Koordination, Verständnis von Anweisungen und freies Erzählen. Bei Bedarf können weitere Einzeluntersuchungen folgen. Kritisiert wird an dem Verfahren, dass die klassischen Testgütekriterien (Objektivität, Reliabilität und Validität) nicht berücksichtigt werden und somit das Ergebnis stark an die subjektive Einschätzung der durchführenden Lehrkraft gebunden ist (vgl. Kammermeyer, 2014; Knörzer, Grass & Schumacher, 2007). Dennoch findet das Verfahren auch heute noch vielfach Anwendung und dient teilweise als Grundlage für weitere, z. B. von Schulen selbst entwickelte informelle Verfahren der Schuleingangsdiagnostik (vgl. ebd.). Kammermeyer weist als Kritikpunkte am Verfahren bzw. Weiterentwicklungspotenziale beispielsweise darauf hin, dass eine stärkere Einbindung der KiTa denkbar wäre ebenso wie eine stärkere Berücksichtigung spezifischer Übergangsbewältigungs- und lernbereichsspezifischer (Vorläufer-)Kompetenzen (vgl. Kammermeyer, 2014). Zwei Beispiele für neuere Verfahren, die stärker noch als das Kieler Einschulungsverfahren lernbereichsspezifische Vorläuferkompetenzen von Kindern untersuchen, wären »Die Diagnostischen Einschätzskalen (DES) zur Beurteilung des Entwicklungsstands und der Schulfähigkeit« (Barth, 2012) und »Handreichungen Schulstarter. Screening zum Erfassen der Lernvoraussetzungen für Klasse 1« (Ullmann, 2008).

Insgesamt zeichnet sich ein *aktuelles Verständnis von Schulfähigkeit* dadurch aus, dass im Sinne eines ganzheitlichen Verständnisses eine Vielzahl kindlicher Entwicklungsbereiche in den Blick genommen werden, z. B. die körperliche und motorische Entwicklung, die Entwicklung personaler, emotionaler und sozialer Kompetenzen ebenso wie die Entwicklung allgemeiner kognitiver und (lern-)methodischer Kompetenzen und die Entwicklung lernbereichsspezifischer Vorläuferkompetenzen, z. B. im schriftsprachlichen und mathematischen oder auch natur- und gesellschaftswissenschaftlichen Bereich (vgl. u. a. MSW & MFKJK NRW, 2011). Aus ökosystemischer Sicht ist nicht nur das einzelne Kind in den Blick zu nehmen, sondern es gilt auch die jeweiligen familiären, institutionellen und gesellschaftlichen Kontextbedingungen seiner Entwicklung zu berücksichtigen. Die Entwicklung von Schulfähigkeit wird demnach auch nicht allein als Aufgabe des Kindes angesehen, sondern vielmehr als *gemeinsame Entwicklungsaufgabe bzw. gemeinsamer Entwicklungsprozess von KiTa, Schule, Kind und Familie*, der weit vor dem Schuleintritt beginnt und auch darüber hinaus noch andauert. Ziel der Schuleingangsdiagnostik ist demnach keine Selektion, sondern eine prozessorientierte, ganzheitliche Erfassung der individuellen Voraussetzungen eines Kindes unter Berücksichtigung der jeweiligen Kontextbedingungen seiner Entwicklung, um diese Informationen für eine anschlussfähige Förderung im Übergang von der KiTa in die Grundschule nutzen zu können (vgl. Hanke, 2007). Jürgens schlägt in diesem Zusammenhang beispielsweise vor, den Begriff der Schulfähigkeit durch den Begriff der »Kindfähigkeit« (Jürgens, 2013, S. 5) von KiTa und

Grundschule zu ersetzen, um den Blick auf diese Weise »weg von der ›Bringschuld‹ des künftigen Schulkindes, hin zur systemischen Betrachtung und gemeinsamen Verantwortung von Kita, Eltern und Grundschule in der Kind-Umfeld-Beziehung« (ebd., S. 5) zu lenken, was z. B. eine stärkenorientierte Förderung der Kinder anbelangt.

Ein verändertes Schulfähigkeitsverständnis spiegelt sich auch in der aktuellen Einschulungspraxis in Deutschland wider. Der Zeitpunkt, wann ein Kind in die Schule kommt, wird hier, wie in anderen Staaten auch, durch einen Stichtag geregelt. Im europäischen Vergleich schwankt das Einschulungsalter von vier bzw. fünf Jahren, wie in Luxemburg oder den Niederlanden, bis hin zu sieben Jahren, wie in Dänemark (vgl. Faust, 2013; Oberhuemer, 2012; Wolf & Grgic, 2009). Ein direkter Vergleich zwischen den Ländern ist allerdings schwer möglich, da jeweils die länderspezifischen Strukturen des Elementar- und Primarbereichs zu berücksichtigen sind. Die pädagogische Arbeit in den unteren Klassenstufen der basisschool in den Niederlanden, d. h. mit den Vier- und Fünfjährigen, weist zwar bereits eine schulische Ausrichtung auf und es sind Grundschullehrkräfte in den Klassen tätig, dennoch gehören relativ hohe Spielanteile zum pädagogischen Alltag (vgl. Küppers, 2014). In Dänemark, als Land mit einem relativ späten Einschulungsalter, ist wiederum der Besuch des letzten KiTa-Jahres verpflichtend und entspricht einer Art Vorschulklasse (vgl. Oberhuemer, 2012).

In Deutschland liegt das Einschulungsalter im Regelfall bei ca. sechs Jahren und ist somit im europäischen Vergleich im Mittelfeld anzusiedeln. Aber auch innerhalb Deutschlands sind leichte Variationen des Einschulungsalters festzustellen, zwischen einem durchschnittlichen unteren Einschulungsalter von 5,7 Jahren bis hin zu 6,2 Jahren (vgl. Autorengruppe Bildungsberichterstattung, 2014), da die Festsetzung des konkreten Einschulungsstichtages den Bundesländern überlassen ist. Als gemeinsame Orientierungsgrundlage dienen die 1997 von der Kultusministerkonferenz beschlossenen »Empfehlungen zum Schulanfang« (KMK, 1997), die einen Stichtag zwischen dem 30. Juni und dem 30. September vorsehen und in deren Folge es in verschiedenen Bundesländern zu einer schrittweisen Vorverlegung des Einschulungsstichtages kam, z. B. in Nordrhein-Westfalen vom 30.06. auf den 30.09. In Berlin wurde der Einschulungsstichtag sogar auf den 31.12. vorverlegt, so dass dort alle Kinder, die im Verlauf eines Kalenderjahres sechs Jahre alt werden, zum 1. August desselben Jahres schulpflichtig und somit zu Unterrichtsbeginn nach den Sommerferien eingeschult werden (vgl. http://www.bildungsserver.de/innovations¬portal/bildungplus.html?artid=846, Zugriff am 07.12.2014). Die Empfehlungen der Kultusministerkonferenz regen darüber hinaus dazu an, eine vorzeitige Einschulung von Kindern zu erleichtern und die Quote an vom Schulbesuch zurückgestellten Kindern deutlich zu reduzieren (vgl. KMK, 1997).

Dementsprechend ist in den letzten Jahren auch der Anteil an zurückgestellten Kindern gesunken und lag im Jahr 2012 beispielsweise durchschnittlich bei ca. 7 %. Der Anteil an vorzeitig eingeschulten Kindern ist allerdings z.T. ebenfalls zurückgegangen, auf zuletzt durchschnittlich 3,1 %, wobei erneut erhebliche Unterschiede zwischen den einzelnen Bundesländern festzustellen sind (vgl. Autorengruppe Bildungsberichterstattung, 2014). Dies hängt sicherlich auch mit der teilweisen Vorverlegung des Einschulungsstichtages und anderen Kontextbedingungen in den Bundesländern zusammen. Die aktuelle Situation gestaltet sich beispielsweise so, dass ein Antrag auf eine vorzeitige Einschulung von Kindern, die nach dem entsprechenden Stichtag geboren wurden, jeweils von den Erziehungsberechtigten gestellt werden kann. Über die Bewilligung des Antrages und die Aufnahme der Kinder in die Schule entscheidet dann in der Regel die Schulleitung, z.T. unter Berücksichtigung eines schulärztlichen Gutachtens (z. B. in Nordrhein-Westfalen, Saarland, Schleswig-Holstein). Eine Zurückstellung vom Schulbesuch ist oft nur noch aus erheblichen gesundheitlichen Gründen möglich (z. B. in Bremen, Nordrhein-Westfalen, Rheinland-Pfalz), teilweise aber auch dann, wenn auf Grund des geistigen, körperlichen und/oder sozial-emotionalen

Entwicklungsstandes des Kindes keine ›erfolgreiche‹ Teilnahme am Unterricht der Grundschule (z. B. in Baden-Württemberg, Bayern, Hamburg) bzw. eine ›bessere‹ Förderung in einer KiTa zu erwarten ist (z. B. in Berlin). Lediglich in einzelnen Bundesländern existieren noch spezielle Einrichtungen für vom Schulbesuch zurückgestellte Kinder im Sinne von Schulkindergärten oder Vorschulklassen (z. B. in Hamburg, Hessen, Niedersachsen) (Stand der Recherche auf den Homepages der Ministerien: Mai 2014; für Befunde der BIKS-Studie zu Hintergründen einer vorzeitigen bzw. verspäteten Einschulungspraxis vgl. Kluczniok, 2012 bzw. Wehner, 2013).

Im Sinne eines veränderten Schulfähigkeitsverständnisses (siehe oben) und im Kontext einer Neugestaltung der Schuleingangsphase (vgl. Kapitel 6.1) wäre es allerdings ein Ziel, dass möglichst alle schulpflichtig gewordenen Kinder eingeschult werden, um dann in der Grundschule, anknüpfend an die pädagogische Arbeit in der KiTa, mit einer an den individuellen Voraussetzungen der Kinder orientierten Förderung fortzusetzen.

1.2 Der Übergang von der KiTa in die Grundschule als Transition

Wenn ein Kind schließlich eingeschult wird, stellt dies einen wichtigen Übergang in seiner Bildungslaufbahn dar. Die mit Übergängen in der Bildungslaufbahn generell verbundenen spezifischen Charakteristika und Herausforderungen fassen Griebel und Niesel (2011) in dem von ihnen entwickelten IFP-Transitionsmodell zusammen, welches sie u. a. für den Übergang von der KiTa in die Grundschule weiter spezifiziert haben (vgl. zum Übergang von der Familie in die KiTa in der Buchreihe Niesel & Griebel, 2015). Die Entwicklung des Modells erfolgte u. a. auf der Basis von Forschungsergebnissen sowie der Auseinandersetzung mit verschiedenen (theoretischen) Ansätzen. Hierzu zählen z. B. der ökosystemische Ansatz von Bronfenbrenner, Erkenntnisse der Stressforschung im Sinne von Lazarus oder auch die Theorie kritischer Lebensereignisse nach Filipp (zu weiteren Grundlagen des Ansatzes vgl. Griebel & Niesel, 2007; Griebel & Niesel, 2011). Bevor zentrale Merkmale des Transitionsmodells herausgearbeitet werden, wird nun zunächst ein kurzer Überblick über für das Modell besonders bedeutsame Aspekte der drei exemplarisch ausgewählten Ansätze gegeben.

Aus Sicht von Filipp (1995) stellt der Übergang von der KiTa in die Grundschule ein normatives *kritisches Lebensereignis* dar, welches, in Abgrenzung zu nichtnormativen Lebensereignissen, in unserem gesellschaftlichen Kontext in der Regel zum typischen Lebensverlauf eines Menschen dazu gehört (vgl. hierzu auch Denner & Schumacher, 2014). Allgemein werden als ›kritische Lebensereignisse‹ zeitlich begrenzte Lebenssituationen bzw. -phasen bezeichnet, die sich auf Grund von biologischen, sozialen oder physikalischen Ereignissen vom »üblichen Lebensfluss des Alltags« (Knörzer, Grass & Schumacher, 2007, S. 172) abheben und neue Herausforderungen stellen, die durch vorhandene Routinen nicht bewältigt werden können. Stattdessen werden veränderte Handlungsmuster und emotionale Umstellungen notwendig. Die Verarbeitung kritischer Lebensereignisse erfordert somit eine Bewältigungsarbeit, die entweder gelingen oder auch misslingen kann. Kritische Lebensereignisse können in diesem Sinne nicht nur als Risiko, sondern bei gelungener Bewältigung auch als Chance und Impuls betrachtet werden (vgl. Filipp, 1995; Knörzer, Grass & Schumacher, 2007; Griebel & Niesel, 2007; Griebel & Niesel, 2011). Hierfür ausschlaggebend ist die individuelle Verarbeitung, z. B. ob neue oder erweiterte Entwicklungsimpulse in der Grundschule auch von den Kindern individuell wahrgenommen und aktiv für die eigenen Lernprozesse genutzt werden können.

Die subjektive Wahrnehmung, Bewertung und Verarbeitung von Veränderungen steht im Fokus des *Stressansatzes*. Nach Lazarus (1995) ist für die Art der Bewältigung von Veränderungen sowohl das Ausmaß der Veränderung bzw. ihr zeitlicher Umfang von Bedeutung als auch die Frage danach, ob die Veränderung vom betroffenen Individuum erwünscht und kontrollierbar ist. Darüber hinaus wird im Sinne des Stressansatzes in den Blick genommen, inwieweit beim Kind und in seinem Umfeld gewisse Ressourcen vorhanden sind, die das Individuum im Bewältigungsprozess unterstützen können. Sind entsprechende Ressourcen nicht oder nicht ausreichend gegeben, kann eine Stress- oder Überforderungssituation entstehen (vgl. Lazarus, 1995; Griebel & Niesel, 2011).

Einer der Grundgedanken des *ökosystemischen Ansatzes* besteht darin, ein Individuum nicht isoliert zu betrachten, sondern im Kontext seines Umfeldes bzw. seiner Lebensumwelt. Diese Lebensumwelt lässt sich nach Bronfenbrenner (1989) in verschiedene Ökosysteme untergliedern. So bildet beispielsweise die Familie eines Kindes ein Mikrosystem, welches sich durch enge Interaktionen zwischen den Familienmitgliedern auszeichnet. Die Familienmitglieder stehen wiederum in Wechselbeziehungen zu Mitgliedern weiterer, sie umgebender Kontexte bzw. Mesoysteme, wie z. B. Freunde oder Verwandte. Kontextsysteme, mit denen nur einzelne Familienmitglieder in direkter Wechselbeziehung stehen, zählen darüber hinaus zu den Exosystemen, wie z. B. der Arbeitsplatz der Eltern. Den übergreifenden Rahmen für diese verschiedenen Systeme bildet wiederum das Makrosystem, zu dem gesellschaftliche oder auch politische Kontextbedingungen gezählt werden können (vgl. Bronfenbrenner, 1989; Griebel & Niesel, 2011). Der Eintritt eines Kindes in die KiTa oder später die Grundschule stellt in diesem Sinne einen ökologischen Übergang dar, da sich grundlegende Beziehungen und Rollen bzw. Positionen innerhalb der Umweltsysteme des Kindes stark verändern. KiTa bzw. Grundschule werden nun zu weiteren Mikrosystemen des Kindes, die wiederum in Wechselbeziehung zu verschiedenen Meso-, Makro- und Exosystemen stehen. Beim Übergang von der KiTa in die Grundschule sind daher Kontextbedingungen und

Prozesse auf verschiedenen Systemebenen zu berücksichtigen. Es verändern sich z. B. Beziehungen und Rollen innerhalb der Familie. Ebenso ergeben sich innerhalb des Lebensbereichs Schule neue Beziehungsstrukturen und Anregungen, u. a. im Unterricht, die bedeutungsvoll für die weitere Entwicklung des Kindes sein werden. Das System Schule ist wiederum im Kontext gesellschaftlicher und struktureller Rahmenbedingungen zu betrachten, z. B. was curriculare Anforderungen anbelangt.

Neben einem ökosystemischen Blick auf Übergangsprozesse finden auch viele weitere Aspekte der zuvor angesprochenen Ansätze Berücksichtigung im *Transitionsansatz* von Griebel und Niesel. So sind mit Transitionen, ähnlich wie mit kritischen Lebensereignissen, Veränderungsprozesse gemeint, im Rahmen derer gewisse Lebenszusammenhänge eines Individuums eine massive, persönlich bedeutsame Umstrukturierung erfahren und intensive Lernerfahrungen notwendig machen (vgl. Griebel & Niesel, 2004; Griebel & Niesel, 2007; Fthenakis, 1999; Denner & Schumacher, 2014). Neben dem Übergang in eine pädagogische Institution können hierzu beispielsweise auch weitere Lebensereignisse wie eine Scheidung, neue Partnerschaften bzw. Veränderungen in Familien- und Sozialstrukturen, räumliche Neuerungen oder auch Veränderungen im schulischen bzw. beruflichen Alltag gezählt werden. Nach Griebel und Niesel kommt es innerhalb dieser Phasen »[...] zu einer Anhäufung unterschiedlicher Belastungsfaktoren, da Anpassungen und Veränderungen auf der individuellen, der interaktionalen und kontextuellen Ebene geleistet werden müssen und innerpsychische Prozesse und Beziehungen zu anderen Personen neu gestaltet werden« (Griebel & Niesel, 2004, S. 35). Ein Lebensereignis wird somit durch dessen individuelle Wahrnehmung, aktive Verarbeitung und Bewältigung zu einer Transition (vgl. u. a. Fthenakis, 1999; vgl. Stressansatz). In diesen Verarbeitungs- und Bewältigungsprozess ist nicht das Individuum allein, sondern, im Sinne des oben skizzierten ökosystemisch orientierten Ansatzes, auch sein Lebensumfeld involviert. Zusammengefasst wird im Sinne des *Transitionsansatzes* der Übergang von der

1.2 Der Übergang von der KiTa in die Grundschule als Transition

KiTa in die Grundschule als ein ko-konstruktiver Prozess verstanden, den das Kind, seine Familie und sein Umfeld sowie KiTa und Grundschule in einem »prozesshaften Geschehen« (Griebel & Niesel, 2011, S. 116) als beteiligte Akteure gemeinsam bewältigen und gestalten. Die beteiligten Akteure nehmen hierbei unterschiedliche Rollen ein. So ist es Aufgabe der Kinder, zahlreiche Entwicklungsaufgaben auf individueller, interaktionaler und kontextueller Ebene aktiv zu bewältigen (vgl. Kapitel 2.1). Die Familie und Eltern des Kindes, aber auch das weitere soziale Umfeld, sowie insbesondere die pädagogischen Akteure aus KiTa und Grundschule, aber ggf. auch weitere Institutionen oder helfende Dienste haben in diesem Kontext die Aufgabe, Kinder in ihrem Bewältigungsprozess zu begleiten und zu unterstützen sowie den Übergang an sich zu gestalten bzw. zu moderieren (vgl. Griebel & Niesel, 2007; Griebel & Niesel, 2011), z. B. im Rahmen von Angeboten zur Übergangsgestaltung (vgl. Kapitel 3.2.3). Den Eltern kommt darüber hinaus eine Doppelfunktion zu. So müssen sie, neben der Begleitung ihres Kindes, zugleich selbst den Übergang von der KiTa in die Grundschule und die damit für sie persönlich verbundenen Veränderungen und Herausforderungen verarbeiten, z. B. die »Übernahme von Verantwortung für den Schulerfolg des Kindes«, »der Aufbau von Vertrauen zur Lehrkraft«, das »Teilen von Verantwortung und Kontrolle« oder auch das »Integrieren von drei Lebensbereichen: Familie, Schule und Erwerbstätigkeit« (Griebel & Niesel, 2011, S. 119f.). Eltern bedürfen somit selbst der Begleitung und Unterstützung, z. B. durch ihr soziales Umfeld oder auch durch Informationsveranstaltungen und Beratungsgespräche mit pädagogischen Akteuren aus KiTa und Grundschule (vgl. Hiebl & Niesel, 2012). Darüber hinaus können auch Kinder eine Doppelrolle im Übergangsprozess übernehmen, indem sich z. B. Schulanfänger gegenseitig bei der Bewältigung gewisser Entwicklungsaufgaben unterstützen. Beispiele hierfür wären, wenn von Kindern der Schulweg gemeinsam begangen wird, ein Austausch zu organisatorischen oder inhaltlichen Fragen im Unterricht stattfindet oder auch freundschaftliche Beziehungen entwickelt werden oder weiterhin bestehen bleiben. So zählt das Vorhandensein vertrauter Kinder in der neuen Bezugsgruppe der Schulklasse z. B. zu einem der Schutzfaktoren einer erfolgreichen Übergangsbewältigung auf interaktionaler Ebene (vgl. Kapitel 3.2.2).

Vor dem Hintergrund der vorherigen Ausführungen wird insgesamt deutlich, dass im Übergang von der KiTa in die Grundschule ein gewisses Spannungsfeld zwischen Kontinuitäten und Diskontinuitäten zu bestehen scheint (vgl. Griebel & Niesel, 2011). Die zu bewältigenden Diskontinuitäten bzw. Veränderungen spiegeln sich insbesondere in den Entwicklungsaufgaben wider, die mit dem Übergang für Kinder verbunden sind, z. B. was einen Statuswechsel, die Veränderung von Beziehungen oder das Zurechtkommen mit neuen Strukturen und Anforderungen anbelangt (vgl. ausführlich hierzu Kapitel 2.1). Kontinuitäten im Übergangsprozess können demgegenüber beispielsweise darin bestehen, dass den Kindern einige ihrer neuen Klassenkameraden bereits aus anderen Kontexten vertraut sind, dass sie ggf. bereits die Klassenlehrerin bzw. den Klassenlehrer kennenlernen konnten oder ihnen z. B. die Räumlichkeiten oder auch in der Schule zum Einsatz kommende Materialien, Regeln oder Rituale bekannt sind.

In Sinne einer »Kontinuitätsdoktrin« (Dollase 2000, zitiert nach Griebel & Niesel, 2011, S. 177) erfolgten seit den 1980er Jahren z.T. Bemühungen, entsprechende Kontinuitäten im Übergang von der KiTa in die Grundschule zu erhöhen und Diskontinuitäten zu reduzieren, um einen möglichst ›gleitenden‹ Übergang für die Kinder zu gewährleisten. Roßbach weist darauf hin, dass aus solch einer Perspektive heraus »[...] die Anforderungsstrukturen von Kindergarten und Grundschule so angenähert werden [müssten], dass einem Kind der Übergang kaum auffällt« (Roßbach, 2010, S. 78). Im Gegensatz hierzu kann aus der Perspektive des Transitionsansatzes zwar davon ausgegangen werden, dass gewisse Kontinuitäten, wie das Vorhandensein vertrauter Kinder, Schutzfaktoren im Prozess der Übergangsbewältigung für Kinder darstellen können (vgl. Kapitel 3.2). Es wird aber auch angenommen, dass gewisse Diskontinuitäten im Übergang von der KiTa in die Grundschule einfach gegeben und nicht als »schädlich« (Griebel & Niesel, 2011, S. 178) zu betrachten sind, sondern Kinder in ihrer Entwicklung herausfordern (vgl. Roßbach, 2010). Das Vorhandensein von Diskontinuitäten kann zwar als individuell zu sehende Herausforderung bzw. Entwicklungsaufgabe betrachten werden, Diskontinuitäten können zugleich aber auch eine Chance darstellen, Kindern wichtige Impulse für ihre Entwicklung zu geben. Voraussetzung hierfür ist, dass die gestellten Herausforderungen für sie auf Basis der ihnen zur Verfügung stehenden (individuellen, interaktionalen und kontextuellen) Ressourcen zu bewältigen sind (vgl. Kapitel 3.1). Kontinuität im Übergang von der KiTa in die Grundschule kann in diesem Sinne somit auch bedeuten, Kinder unter Berücksichtigung ihrer individuellen Lernvoraussetzungen, Fähigkeiten und Bedürfnisse sowie unter Berücksichtigung der von ihnen wahrgenommenen Diskontinuitäten und den ihnen zur Verfügung stehenden Ressourcen in ihren individuellen Entwicklungs- und Lernprozessen in beiden Institutionen im Prozess der Übergangsbewältigung zu unterstützen und anschlussfähig zu fördern.

1.3 Anschlussfähigkeit im Übergang von der KiTa in die Grundschule

Was es bedeutet, den Übergang von der KiTa in die Grundschule anschlussfähig zu gestalten, kann aus verschiedenen Perspektiven heraus betrachtet werden.

Aus *Perspektive des Kindes* bedeutet dies, dass ein Kind selbst im Kontext der Bewältigung der mit dem Übergang individuell verbundenen Entwicklungsaufgaben bzw. der von ihm erlebten Kontinuitäten und Diskontinuitäten »[...] für sich Anschlussfähigkeit zwischen Kindergarten und Grundschule herstellen [muss]« (von Bülow, 2011, S. 41), um sich in der neuen Institution wohlfühlen und die dort gegebenen Entwicklungsanregungen produktiv nutzen zu können (vgl. Kapitel 3.1).

Im Sinne des Transitionsmodells kann das Kind in diesem eigenaktiven Bewältigungsprozess wiederum durch Familie, KiTa und Grundschule begleitet und unterstützt werden, z. B. durch Angebote zur Übergangsgestaltung oder individuelle Fördermaßnahmen (siehe unten). Aus dieser Perspektive heraus ist die Herstellung von Anschlussfähigkeit nach von Bülow ebenso als »*systemische Bewältigungsleistung*« (von Bülow, 2011, S. 41; Hervorhebung durch die Autorinnen) zu verstehen, im Rahmen derer es auch darum geht, Anschlussfähigkeit zwischen verschiedenen Lebensbereichen bzw. Ökosystemen herzustellen. In diesem Kontext sind unterschiedliche Maßnahmen denkbar.

So besteht aus systemischer Sicht eine zentrale Aufgabe der pädagogischen Akteure in KiTa und Grundschule darin, eine *Lernumgebung* zu gestalten, die sich als *anschlussfähig bzw. adaptiv an die individuellen Lernvoraussetzungen, Fähigkeiten, Bedürfnisse und Interessen der Kinder* erweist und so zur individuellen Förderung von Kindern in verschiedenen Bereichen beitragen kann (vgl. Hanke, 2007; Jürgens, 2013; vgl. Kapitel 3.2.1). Herstellung von Anschlussfähigkeit meint aber auch, dass die *Förderung in den beteiligten Institutionen sich systematisch aufeinander bezieht*, um auf diese Weise eine möglichst beständige Unterstützung der Lern- und Bildungsprozesse der Kinder zu erreichen, sowohl unter Berücksichtigung der von den Kindern erlebten Kontinuitäts- als auch Diskontinuitätserfahrungen (vgl. Roßbach, 2010). Eine kompetenzorientierte Diagnose und Bildungsdokumentation der Lern- und Bildungsprozesse von Kindern stellt hierfür eine wichtige Grundlage dar, auf die in einem weiteren Band der Buchreihe ausführlich eingegangen wird (vgl. Kordulla & Büker, i.V.).

Ebenso können Maßnahmen zur Herstellung von *Anschlussfähigkeit auf einer curricularen Ebene* zu einer aufeinander Bezug nehmenden Förderung von Kindern in KiTa und Grundschule

1.3 Anschlussfähigkeit im Übergang von der KiTa in die Grundschule

beitragen (vgl. Hacker, 2014; von Bülow, 2011). Bildungsstufenübergreifende Bildungs- und Erziehungspläne, die mittlerweile in einigen Bundesländern vorliegen und in Kapitel 5.1 ausführlicher thematisiert werden, können in diesem Kontext eine Orientierungsgrundlage für die pädagogische Arbeit darstellen.

Auch die Ausführungen zu einem veränderten Schulfähigkeitsverständnis (vgl. Kapitel 1.1) konnten bereits verdeutlichen, dass auf curricularer Ebene im Sinne eines ganzheitlichen Verständnisses sowohl in KiTa als auch in der Grundschule die Förderung von Kindern in verschiedenen Entwicklungsbereichen relevant erscheint. Dies betrifft die Förderung personaler, emotionaler und sozialer Kompetenzen ebenso wie die Unterstützung der Entwicklung von Kindern im motorischen, körperlichen, musisch-künstlerischen und moralisch-religiösen Bereich. Weitere Bereiche stellen z. B. die Förderung von naturwissenschaftlichen, mathematischen und (schrift-)sprachlichen Kompetenzen von Kindern dar. So wird in den letzten Jahren auch für den KiTa-Bereich verstärkt auf die Relevanz einer frühen Förderung entsprechender lernbereichsspezifischer (Vorläufer-)Fähigkeiten von Kindern für die Herstellung von Anschlussfähigkeit zwischen den Bildungsstufen verwiesen (vgl. Roßbach, 2010; von Bülow, 2011; Wehner & Pohlmann-Rother, 2012).

Bei der Gestaltung entsprechender Förderangebote in der KiTa geht es allerdings nicht um eine Vorverlagerung schulischen Unterrichts (vgl. Jürgens, 2013; von Bülow, 2011), sondern vielmehr um die Gestaltung einer die institutionenspezifischen Besonderheiten und die Voraussetzungen, Interessen und Bedürfnisse der Kinder berücksichtigenden Förderung, z. B. im Kontext situationsorientierter und alltagsintegrierter Aktivitäten in den Einrichtungen (vgl. Kapitel 3.2.3). In diesem Kontext erscheint ebenfalls eine Öffnung der Schule hin zu Prinzipien der Elementarpädagogik von Bedeutung (vgl. Jürgens, 2013).

Ähnliches wie für die Herstellung einer Anschlussfähigkeit bezogen auf die Lerninhalte und ggf. Lernziele gilt auch für die *Herstellung einer methodisch-didaktischen Anschlussfähigkeit* zwischen beiden Institutionen. Auch hier geht es eher darum, situationsangemessen nach möglichen Anknüpfungspunkten der pädagogischen Arbeit in KiTa und Grundschule zu suchen, was den Einsatz ähnlich strukturierter Lernangebote und Methoden anbelangt (z. B. Experimentieren, Anregung von alltagsbezogenen Erfahrungen zur Funktion von Schrift und zur Relevanz mathematischer Inhalte), die Verwendung von Materialien und Medien (z. B. Bilderbücher, (Lern-)Spiele, (fach-)didaktisches Material) oder auch die Nutzung von Symbolen, Regeln und Ritualen (z. B. Kennzeichnung von Gegenständen, Regeln des sozialen Miteinanders, Aufräum- und Ruherituale). Anregungen hierfür können u. a. Projekte und Materialien für eine bildungsstufenübergreifende Förderung von Kindern bieten (vgl. Kapitel 5.2) ebenso wie Modellversuche zur Neugestaltung der Schuleingangsphase, z. B. der Modellversuch zur Grund- und Basisstufe, in welchem die letzten beiden KiTa-Jahre und das erste bzw. die ersten beiden Grundschuljahre zusammengefasst werden (vgl. Kapitel 6.2).

Eine zentrale Voraussetzung für die zuvor thematisierten Maßnahmen bildet wiederum eine *Kooperation der pädagogischen Akteure aus KiTa und Grundschule* (vgl. Hacker, 2001; von Bülow, 2011). Auf mögliche Kooperationsmaßnahmen zwischen pädagogischen Akteuren aus beiden Institutionen wird in Kapitel 4 sowie an verschiedenen anderen Stellen des Buches ausführlich eingegangen. An dieser Stelle wären Kooperationsmaßnahmen hervorzuheben, die das Ziel verfolgen, nicht nur auf der Ebene der pädagogischen Praxis, sondern auch auf der »*Ebene des professionellen Personals*« (Hacker, 2014, S. 263; Hervorhebung durch die Autorinnen) Anschlussfähigkeit herzustellen. Hierzu können Maßnahmen gezählt werden wie gegenseitige Hospitationen und Gespräche, die das Ziel verfolgen, pädagogischen Akteuren einen möglichst differenzierten Einblick in die Arbeit und die Prinzipien der jeweils anderen Institution zu ermöglichen (vgl. von Bülow, 2011). Ebenso wären z. B. gemeinsame Konferenzen, Aus- oder Fortbildungsmaßnahmen zu nennen, die darüber hinausgehend auch zur Entwicklung professionsübergreifender pädagogischer Vorstellungen beitragen können, z. B. bezogen auf ein gemeinsames Schulfähigkeitsverständnis (vgl. Kammermeyer, 2000) oder ein gemeinsames Bildungs- und Erziehungsverständnis (vgl. von Bülow, 2011; vgl. zur Relevanz gemeinsamer Leitlinien u. a. auch Denner & Schumacher, 2014). Befunde des Projektes VElPri verweisen in diesem Kontext allerdings darauf hin, dass sich die Studien- und Ausbildungsgänge für pädagogische Akteure im Elementar- und Primarbereich »[...] mit sehr unterschiedlicher Intensität, in unterschiedlicher Form, mit unterschiedlicher Verbindlichkeit und unterschiedlichen inhaltlichen Schwerpunkten mit der Thematik des Übergangs von der Kindertagesstätte in die Grundschule auseinander[setzen]« (Neuß, Henkel, Pradel & Westerholt, 2014, S. 325) und entsprechende Inhalte zumeist eher weniger curricular verankert sind. Ergebnisse einer Onlinebefragung deuten in diesem Zusammenhang u. a. darauf hin, dass eine Auseinandersetzung mit der pädagogischen Arbeit in der jeweils anderen Institution, insbesondere von Studierenden des Grundschullehramts, im Rahmen der Ausbildung bzw. des Studiums ebenfalls kaum stattfindet. Die Autoren plädieren vor diesem Hintergrund für eine stärkere Berücksichtigung der Übergangsthematik »als Querschnittsthema aller Fachbereiche« (ebd., S. 331), sowohl in der Ausbildung bzw. dem Studium der pädagogischen Akteure als auch in der Fort- und Weiterbildung. Eine Professionalisierung der pädagogischen Akteure beider Institutionen ist beispielsweise auch Bestandteil von verschiedenen Maßnahmen zur Gestaltung eines anschlussfähigen Übergangs von der KiTa in die Grundschule, die stärker auf einer *institutionellen Ebene* verortet sind (vgl. ebd.), aber auch viele Berührungspunkte zu den zuvor bereits angesprochenen Aspekten aufweisen. Zu nennen wären in diesem Kontext u. a. Maßnahmen zur Qualitätsentwicklung in der KiTa (vgl. Hacker, 2001), z. B. im Sinne einer stärkeren Berücksichtigung einer lernbereichsspezifischen Förderung von Kindern oder auch »innerschulische Maßnahmen am Schulanfang« (ebd., S. 84), z. B. im Kontext einer Neugestaltung der Schuleingangsphase (vgl. Hacker, 2001; von Bülow, 2011; vgl. Kapitel 6).

2

Herausforderungen an Kinderstärken im Rahmen der Bewältigung des Übergangs von der KiTa in die Grundschule

Wie in Kapitel 1 bereits deutlich wurde, sind mit dem Übergang von der KiTa in die Grundschule für Kinder wie auch für Eltern (vgl. hierzu Griebel & Niesel, 2011; Hiebl & Niesel, 2012) vielfältige Herausforderungen verbunden, die aktiv bewältigt werden müssen. Diese lassen sich im Sinne des Transitionsansatzes nach Niesel und Griebel als »Entwicklungsaufgaben« (Griebel & Niesl, 2011, S. 118) charakterisieren und sowohl auf einer individuellen Ebene (bezogen auf das einzelne Individuum, welches den Übergang bewältigt) als auch auf einer interaktionalen Ebene (bezogen auf die Beziehungen des Individuums mit seinen Mitmenschen) sowie einer kontextuellen Ebene (bezogen z. B. auf den institutionellen Kontext in KiTa und Grundschule) verorten (vgl. u. a. Dockett & Perry, 2004; Eckerth, Hanke & Hein, 2012; Faust & Roßbach, 2004; Fthenakis, 1999; Griebel & Niesel, 2011). Im Folgenden wird, u. a. unter Einbezug ausgewählter empirischer Befunde, ein Überblick über entsprechende Entwicklungsaufgaben für Kinder gegeben (Kapitel 2.1). Zudem werden in Kapitel 2.2 Befunde zu Vorstellungen von Kindern selbst berichtet, die Einblicke in die kindliche Wahrnehmung der mit dem Übergang in die Schule verbundenen Herausforderungen und Entwicklungsaufgaben geben können.

Auch wenn im vorliegenden Band primär die Übergangsbewältigung durch Kinder im Fokus steht, ist darauf zu verweisen, dass auch Eltern die Transition von der KiTa in die Grundschule meistern müssen (vgl. Kapitel 1.2) und hierbei mit unterschiedlichen Herausforderungen konfrontiert werden. Ebenso wie für ihre Kinder lassen sich diese sowohl auf individueller (u. a. Statuswechsel, Umgang mit Emotionen, Entwicklung von Kompetenzen, z. B. bei der Hausaufgabenbegleitung) als auch auf interaktionaler (u. a. Verlust, Erweiterung und Veränderung von Beziehungen) und kontextueller Ebene verorten (u. a. Vereinbarung verschiedener Lebenswelten, Umgang mit den für ihr Kind nun relevanten Anforderungen aus Richtlinien und Lehrplänen). Ausführlich gehen z. B. Hiebel und Niesel (2012) auf die Rolle von und die Entwicklungsaufgaben für Eltern im Übergang von der KiTa und Grundschule ein (vgl. hierzu auch Griebel & Niesel, 2011).

2 Herausforderungen an Kinderstärken

2.1 Entwicklungsaufgaben für Kinder im Übergang von der KiTa in die Grundschule im Sinne des Transitionsansatzes

2.1.1 Entwicklungsaufgaben für Kinder auf individueller Ebene

Eine zentrale individuelle Entwicklungsaufgabe für Kinder im Übergang von der KiTa in die Grundschule besteht darin, einen gewissen *Statuswechsel* zu bewältigen: »Kindergartenkinder werden Schulkinder« (Griebel & Niesel, 2003, S. 120; vgl. Dockett & Perry, 2004; Hielscher, 2010; Peters, 2012). Hiermit ist u. a. eine Entwicklung des Selbstkonzepts bzw. Selbstbildes der Kinder verbunden, die nun allmählich beginnen, sich selbst als kompetente oder auch weniger kompetente Schulkinder zu sehen und zu erleben. Dabei verändert sich auch die Bezugsgruppe der Kinder, zu der sie ein Zugehörigkeitsgefühl entwickeln müssen. Kinder nehmen dies z. T. so wahr, dass sie nun zu den ›Großen‹ gehören, also zu den Grundschulkindern, und nicht länger zu den ›kleinen‹ Kindergartenkindern. Innerhalb der neuen Institution gehören die Schulanfänger dann aber wiederum, im Vergleich zu den Schülerinnen und Schülern in höheren Klassenstufen, zu den Neulingen, während sie kurz zuvor in der KiTa in der Regel noch die Rolle der älteren und erfahreneren Kinder eingenommen haben (vgl. Einarsdóttir, 2011). Der Statuswechsel vom Kindergarten- zum Schulkind kann als komplexer Prozess angesehen werden, der je nach individueller Wahrnehmung und Verarbeitung z. B. mit Freude, Neugier und Stolz, aber auch mit Angst oder Unsicherheit einhergehen kann. Die *Regulation bzw. Bewältigung von Emotionen* zählt daher zu wichtigen Entwicklungsaufgaben von Kindern in der Übergangsphase.

Als weitere Herausforderungen auf individueller Ebene wäre die *(Weiter-)Entwicklung schulischer bzw. unterrichtsnaher Kompetenzen* zu nennen (vgl. Griebel & Niesel, 2011). Hierzu können sowohl Planungs- und Handlungskompetenzen als auch arbeitsorganisatorische Fähigkeiten von Kindern gezählt werden, die ihnen im Unterrichtsalltag behilflich sein können, ebenso wie kommunikative oder auch sozial-emotionale Kompetenzen, die für ein gemeinsames Miteinander wichtig sind (vgl. Hanke, 2007; Knauf, 2009). Als weitere schulische bzw. unterrichtsnahe Kompetenzen, die sich im Verlauf der (Grund-)Schulzeit immer weiter ausdifferenzieren, wären u. a. Kompetenzen im Bereich der Anwendung von Lernstrategien oder auch im Bereich der Metakognition zu nennen.

Über die Ausbildung entsprechender lernbereichsübergreifender Fähigkeiten hinaus stellt die *Entwicklung lernbereichsspezifischer Kompetenzen* eine weitere zentrale Herausforderung für Kinder dar. So verweisen empirische Befunde z. B. darauf, dass frühe schriftsprachliche und mathematische (Vorläufer-)Kompetenzen von Kindern bedeutsame Prädiktoren für ihre weitere Entwicklung in diesen Bereichen sind (vgl. Bos & Scharenberg, 2010; Hasselhorn & Gold, 2009; Helmke, 1997). Schrader, Hosenfeld und Helmke berichten im Rahmen eines Forschungsüberblicks sogar davon, dass »das bereichsspezifische Vorwissen ca. 30 bis 60 Prozent der Unterschiede in der späteren Leistung« (Schrader, Hosenfeld & Helmke, 2008, S. 17) aufklärt.

Bezogen auf zentrale Voraussetzungen der *Lese- und Schreibentwicklung* von Kindern im vorschulischen und schulischen Bereich wurde in den letzten Jahren u. a. auf die Bedeutung phonologischer Bewusstheit verwiesen (vgl. ebd.). Zu weiteren Grundlagen eines erfolgreichen Schriftspracherwerbs können physiologisch-organische Voraussetzungen gezählt werden, z. B. im Bereich der Sinnesorgane, Sprechwerkzeuge und der Motorik ebenso wie Fähigkeiten im Bereich der visuellen Differenzierung, der Aufmerksamkeit und des (Arbeits-)Gedächtnis (vgl. Dehn, 2008; Schenk, 2012). Befunde aktueller Studien verweisen zudem auf die Bedeutung linguistischer Kompetenzen (vgl. Ennemoser, Marx, Weber & Schneider, 2012) und grammatikalisch-syntaktischer Aspekte der Sprachentwicklung (vgl. Schneider, 2004). Der Prozess der

Lese- und Schreibentwicklung erfordert von Kindern schließlich drei zentrale Einsichten: die Entwicklung eines Symbolverständnis, ein Verständnis der Lautorientierung unserer Schrift und schließlich Einblicke in die Strukturorientierung der Schrift, um z. B. orthographische Regelmäßigkeiten anwenden zu können (für Modelle der Lese- und Schreibentwicklung vgl. u. a. Hanke, 2007; Scheerer-Neumann, 1998; Valtin, 1997). Einblicke in die Funktionalität und persönliche Bedeutsamkeit von Schrift, z. B. im Kontext von Literacy-Erfahrungen, bilden hierfür eine wichtige Grundlage (vgl. Dehn, 2008). Befunde der Schriftspracherwerbsforschung verweisen darauf, dass sich die schriftsprachlichen Vorerfahrungen und Lernvoraussetzungen von Kindern zu Schulbeginn sehr heterogen gestalten (vgl. Brügelmann, 2001; Martschinke & Kammermeyer, 2003). Ähnliches gilt auch für den mathematischen Bereich (vgl. Eckerth, Hanke & Hein, 2014; Niklas, Schmiedeler & Schneider, 2010). Als wichtiger Prädiktor für die *Entwicklung mathematischer bzw. arithmetischer Fähigkeiten von Kindern* hat sich in diesem Kontext das mengen- und zahlenbezogene Vorwissen von Kindern erwiesen (vgl. Krajewski & Schneider, 2006). Hierzu zählen Fähigkeiten im Bereich der Seriation, des Mengen- und Längenvergleichs, der Zählfertigkeit und des Zahlenwissens, der Mengenvorstellung sowie grundlegender Rechenfertigkeiten (vgl. ebd.; Kammermeyer, 2005). Die Entwicklung entsprechender Fähigkeiten beginnt ebenso wie im schriftsprachlichen Bereich bereits im Kleinkind- bzw. Vorschulalter und setzt sich im Verlauf der Grundschulzeit weiter fort (vgl. für Entwicklungsmodelle früher mathematischer Kompetenzen von Kindern Krajewski, Grüßing & Peter-Koop, 2009; Fritz, Ricken & Balzer, 2009).

Zusammengefasst wird deutlich, dass bereits auf individueller Ebene der Übergang von der KiTa in die Grundschule für Kinder mit zahlreichen Entwicklungsaufgaben verbunden ist, sowohl was die Entwicklung lernbereichsspezifischer und -übergreifender Kompetenzen als auch ihre Entwicklung im sozial-emotionalen Bereich anbelangt.

2.1.2 Entwicklungsaufgaben für Kinder auf interaktionaler Ebene

Auf interaktionaler Ebene geht der Schulanfang für Kinder vor allem mit Veränderungen von Beziehungen einher (vgl. Griebel & Niesel, 2011). Beispielsweise nehmen sie *Abschied von den Kindern und Erwachsenen*, die *in der KiTa* zu ihrer Bezugsgruppe gehörten und zu der sie nun in der Regel deutlich weniger oder keinen Kontakt mehr haben werden. Dieser Abschied kann mit Verlusterfahrungen auf Seiten der Kinder verbunden sein, insbesondere wenn sie sich zuvor in der Gruppe wohl gefühlt und intensive Beziehungen aufgebaut haben. Der Wechsel kann aber auch Impulse mit sich bringen und bei Kindern positive Veränderungen bewirken, wenn sie sich z. B. zuvor nicht wohl gefühlt haben oder in problematische Rollenkonstellationen involviert waren, z. B. häufig geärgert oder mit Vorurteilen konfrontiert wurden. Der Schulanfang kann Kindern in dieser Hinsicht Potenziale bieten, eine veränderte Rolle in ihrem *neuen Bezugssystem* zu finden.

Zu ihrem neuen Bezugssystem bzw. zu ihrer neuen ›Lebensgemeinschaft‹ Schule gehören im engen Kreis die Mitschülerinnen und Mitschüler der eigenen Klasse und die Klassenlehrerin bzw. der Klassenlehrer sowie weitere in der Klasse tätige Lehrkräfte und pädagogische Akteure. Im erweiterten Kreis zählen hierzu z. B. auch die anderen Kinder und Lehrkräfte der Schule, ggf. weitere Sozial- oder Sonderpädagogen, Erzieherinnen und Erzieher oder andere (pädagogische) Akteure, ebenso die Sekretärin, der Hausmeister, aber auch Eltern anderer Kinder oder Menschen, die sich ehrenamtlich an der Schule engagieren. Hinzu kommen, insbesondere wenn an der Schule ein offener Ganztag, eine Übermittagsbetreuung oder Ähnliches angeboten wird, ggf. weitere Personen unterschiedlicher Professionen, die entweder direkt oder in Kooperationsverhältnissen an der Schule tätig sind, wie z. B. Übungsleiter aus Sportvereinen, die Angebote im offenen Ganztag durchführen (vgl. Hanke, 2007). Die Kinder selbst stehen im schulischen Alltag mehr oder weniger intensiv mit einzelnen Akteuren der Personengruppen in Kontakt, von denen sie einige neu kennenlernen und andere ggf. bereits in früheren Kontexten kennengelernt haben, beispielsweise durch Besuche in der Grundschule vor der Einschulung (z. B. Lehrkraft) oder durch die Zugehörigkeit zur gleichen KiTa bzw. KiTa-Gruppe in der Vergangenheit (z. B. andere Kinder der Klasse oder anderer Klassen) (vgl. Kapitel 3.2.2). Die Mitglieder der Personengruppen zeichnen sich wiederum durch ganz unterschiedliche Qualifikationen (auf Ebene der Erwachsenen), ethische, religiöse, kulturelle und soziale Hintergründe aus ebenso wie durch eine Vielfalt an Interessen, Bedürfnissen, Vorerfahrungen und Persönlichkeitsmerkmalen (auf Ebene der Erwachsenen und Kinder). Die neue ›Lebensgemeinschaft‹ Schule ist in diesem Sinne von einer großen Heterogenität geprägt, die sowohl Herausforderungen als auch vielfältige Chancen mit sich bringt. Für Schulanfänger besteht in diesem Kontext eine große Entwicklungsaufgabe darin, verschiedene Akteure in der Schule kennenzulernen, mit ihnen in Aktion zu treten und allmählich ihren Platz bzw. ihre Rolle in der ›Lebensgemeinschaft‹ Schule zu finden.

Besonders bedeutsam scheint für Kinder zu Beginn der Grundschulzeit dabei der *Kontakt zu anderen Kindern* zu sein. So ist es ein Ergebnis einer Studie von Petillon (1993) zum Sozialleben von Schulanfängern, dass sich die erzählten Sozialereignisse der an der Studie teilnehmenden Kinder nur zu ca. 6 Prozent auf die Lehrkraft und zu ca. 13 Prozent auf die Schule allgemein bezogen. Diese Themen schienen für die befragten Kinder somit eine eher untergeordnete Rolle zu spielen. Der Anteil an berichteten Sozialereignissen mit Mitschülerinnen und Mitschülern, auch wenn mit diesen nicht nur Positives, sondern häufig auch Angst, Wut oder Trauer verbunden war, lag hingegen bei ca. 80 Prozent. Für die Kinder stand dabei vor allem das Kennenlernen neuer Kinder und Bemühungen um die Etablierung von festen (Freundschafts-) Beziehungen im Vordergrund. Die Bedeutung von Freundschaften für die Bewältigung des Übergangs in die Schule untersuchte beispielsweise auch Peters (2003) in einer qualitativen, neuseeländischen Studie. Die Ergebnisse von Beobachtungen und Gesprächen mit Kindern und Eltern deuten darauf hin, dass für die teilnehmenden Kinder die Anwesenheit von Freunden bzw. bereits bekannten Kindern insbesondere in längeren Pausenzeiten und bei dem Zurechtkommen im Klassenzimmer als hilfreich angesehen wurde, um sich z. B. nicht isoliert zu fühlen. Eine Erfahrung, die bei Kindern ohne entsprechende Freundschaften zum Teil zu einer negativen Einstellung gegenüber Schule geführt hat. Befunde einer quantitativ angelegten, australischen Befragungsstudie von Dockett und Perry (2004) geben in diesem Sinne ebenfalls Hinweise darauf, dass einige Kinder ihren Erfolg und ihr Wohlfühlen in der Schule daran festmachten, ob sie in der Schule Freunde hatten oder nicht. Eine Herausforderung an Kinder im Übergang von der KiTa in die Grundschule besteht demnach darin, bereits bestehende Freundschaften ggf. weiterzuführen und neue Freundschaften bzw. Bekanntschaften zu knüpfen, da dies zu ihrem Wohlfühlen beitragen und somit auch als wichtiger Schutzfaktor einer erfolgreichen Übergangsbewältigung wirken kann (vgl. Kapitel 3.1).

Für die *Schulanfänger und auch die Lehrkräfte* besteht auf interaktionale Ebene eine weitere wichtige Entwicklungsaufgabe darin, eine *positive Beziehung zueinander* aufzubauen. Eine positive Lehrer-Schüler-Beziehung lässt sich »[...] durch Vertrauen, geringe Angst, Förderorientierung, Orientierung am Erfolg, geringeren Disziplindruck oder auch wenig etikettierende und abwertende Haltungen [...]« (Helsper & Hummrich, 2014, S. 39) charakterisieren. Forschungsergebnisse verweisen darauf, dass eine positive Lehrkraft-Kind-Beziehung Anpassungsprozesse von Kindern im Übergang in die Grundschule unterstützen kann ebenso wie die Entwicklung kommunikativer und sozialer Kompetenzen. Darüber hinaus konnten positive Auswirkungen auf die Entwicklung von Schulfreude und Motivation festgestellt werden, was sich indirekt wiederum förderlich auf die Lernhaltung, das Selbstwirksamkeitsempfinden der Kinder und ihre Schulleistungen auswirken kann (vgl. ebd.; Völker & Schwer, 2012). Insbesondere Kinder »mit sozialen Risiken« (ebd., S. 297) oder Kinder, die Verhaltensauffälligkeiten zeigen, scheinen von einer positiven Beziehung zur Lehrkraft zu profitieren.

Bezogen auf den Beziehungsaufbau von Kindern zu ihrer Lehrkraft ist darauf zu verweisen, dass gerade für Schulanfänger zunächst noch die emotionale Ebene der Beziehung im Vordergrund steht, so dass sie ggf. die Lehrkraft anfangs als Eltern- oder Erzieher- bzw. Erzieherinnenersatz wahrnehmen (vgl. Hanke, 2007). In diesen Fällen können Erfahrungen in unterschiedlichsten Situationen des Schul- und Klassenlebens in den ersten Schulwochen auch dazu dienen, dass sich das Verhältnis der Kinder zu ihrer Lehrkraft zu einer Schüler-Lehrkraft-Beziehung im oben genannten Sinne verändert.

Neben dem Aufbau neuer Beziehungen ist als eine weitere Entwicklungsaufgabe auf interaktionaler Ebene darauf zu verweisen, dass sich auch *bestehende Beziehungen* durch den Übergang in die Institution Grundschule verändern können. Möglicherweise beginnen Eltern beispielsweise (bewusst oder unbewusst) veränderte Erwartungen an das Kind zu richten, z. B. an die Erledigung von Hausaufgaben oder insgesamt an die Selbständigkeit der Kinder oder auch einen gewissen Leistungsdruck zu erzeugen (vgl. Knörzer, Grass & Schumacher, 2007). Umgekehrt kann es natürlich auch sein, dass das Kind beispielsweise selbst nun mehr Selbständigkeit einfordert und sich in diesem Zusammenhang seine Rolle in der Familie verändert.

Insgesamt wird deutlich, dass der Übergang von der KiTa in die Grundschule für Kinder mit vielfältigen Herausforderungen auf interaktionaler Ebene einhergeht, was den Verlust, die Entwicklung und die Veränderung von Beziehungen zu Erwachsenen und Kindern anbelangt. Kinder sind somit in ein komplexes Gefüge unterschiedlicher Beziehungsstrukturen und -systeme integriert, in welchem sie jeweils ihre ganz persönliche Rolle und Position finden müssen.

2.1.3 Entwicklungsaufgaben für Kinder auf kontextueller bzw. institutioneller Ebene

Neben den angeführten Herausforderungen auf individueller und interaktionaler Ebene sind mit dem Übergang von der KiTa in die Grundschule auch auf kontextueller Ebene vielfältige Entwicklungsaufgaben verbunden (vgl. Eckerth, Hanke & Hein, 2012; Griebel & Niesel, 2007; Griebel & Niesel, 2011).

Hierzu zählt u. a. die *Integration der Lebensbereiche Familie und Schule* mit ihren unterschiedlichen Bedürfnissen und Strukturen. Dies betrifft u. a. den Tages-, Wochen- und Jahresablauf innerhalb der Familie, der nun auf die zeitlichen Strukturen in der Grundschule angepasst werden muss, mit festen Anfangs- und End- sowie Ferienzeiten, an welche sich Kinder und auch Eltern gewöhnen müssen. Für die Eltern bedeutet dies ggf. zugleich, die eigene Erwerbstätigkeit mit den zeitlichen Strukturen der Schule koordinieren und ggf. Betreuungsmöglichkeiten für ihr Kind innerhalb (z. B. Übermittagsbetreuung oder offener bzw. strukturierter Ganztag) oder außerhalb der Schule (z. B. Hort oder andere Familienmitglieder) organisieren zu müssen. Der Übergang in die Grundschule ist somit für das Kind unter Umständen mit einem weiteren Übergang verbunden, z. B. in die Übermittagsbetreuung oder den offenen Ganztag, der ebenfalls interaktionale und kontextuelle Veränderungen mit sich bringt. Als weiteres Beispiel für die Notwendigkeit einer Integration der Lebensbereiche Familie und Schule wäre die Erledigung von Hausaufgaben oder anderer schulischer Aufgaben zu nennen wie das Mitbringen von Materialien oder die Beteiligung der Eltern an Schulfesten etc., was ggf. (insbesondere im Falle der Hausaufgaben) auch die Beziehung zwischen Eltern und Kindern beeinflussen kann.

Auf kontextueller bzw. institutioneller Ebene sind mit dem Übergang in die Grundschule darüber hinaus auch in *curricularer Hinsicht* Veränderungen verbunden. Beispielsweise werden in Richtlinien und Lehrplänen nun verbindliche Anforderungen bzw. Kompetenzerwartungen formuliert, die in Nordrhein-Westfalen

z. B. am Ende der Schuleingangsphase und am Ende von Klasse 4 von den Schülerinnen und Schülern erwartet werden (vgl. z. B. MSW NRW, 2008). Die Kompetenzerwartungen stellen für Lehrkräfte eine wichtige curriculare Grundlage für ihre Unterrichtsplanung dar, was z. B. die Lernziele anbelangt. Im Gegensatz dazu finden sich in bildungsprogrammatischen Veröffentlichungen im elementarpädagogischen Bereich in der Regel eher Empfehlungen, z. B. für mögliche Aktivitäten in verschiedenen Bildungsbereichen (vgl. z. B. MSJK NRW, 2003), die eine Orientierung für die pädagogische Arbeit bzw. individuelle Förderung von Kindern bieten können, aber keinen verpflichtenden Charakter aufweisen. Vielmehr stehen in der KiTa in der Regel vor allem informelle Lernsituationen im Vordergrund, die sich durch eher situative und spontane Lernerfahrungen in alltäglichen Lebens- und Erfahrungszusammenhängen der Kinder auszeichnen. Diese Situationen können, entsprechend der Bedürfnisse und Voraussetzungen der Kinder, z. B. durch non-formale Bildungssituationen ergänzt und erweitert werden. Hierzu zählen beispielsweise Angebote wie eine vorbereitete Lernumgebung oder verschiedene Aktionen und Interaktionssituationen, die sich allerdings weiterhin stark an den Interessen und Fähigkeiten der Kinder orientieren und von diesen freiwillig genutzt werden können. Entsprechende informelle und non-formale Bildungssituationen sind auch nach dem Übergang in die formale Bildungseinrichtung Grundschule von Bedeutung. Allerdings treten nun formelle Bildungssituationen in den Vordergrund, die sich durch ein stärker systematischeres Erlernen von Kompetenzen charakterisieren lassen und stärker auf ein bestimmtes Ziel hin ausgerichtet sind, wie z. B. die oben bereits erwähnten verbindlichen Anforderungen in den Richtlinien und Lehrplänen (vgl. u. a. BMBF, 2004; MSW & MFKJK NRW, 2011; Rauschenbach, 2010). Für die Kinder bedeutet dies, dass sie sich an veränderte Strukturen, z. B. die Aufteilung in Unterrichtsfächer, systematischere Formen des Lehrens und Lernens und größere Verbindlichkeiten gewöhnen müssen, z. B. was die aktuell zu bearbeitenden Inhalte und somit ggf. auch die Zurückstellung eigener Interessen anbelangt. Befunde einer Studie von Lichtblau, Thoms und Werning (2013) weisen in diesem Kontext beispielsweise darauf hin, dass die teilnehmenden Erzieherinnen und Erzieher in den KiTas durchaus berichteten, kindliche Interessen gezielt zu beobachten und zu versuchen, diese in die Abläufe der KiTa zu integrieren. Im Gegensatz hierzu wurden die Interessen der Kinder von den befragten Grundschullehrkräften kaum wahrgenommen und demnach auch weniger im Unterricht berücksichtigt, was erneut Herausforderungen, z. B. an die Motivationsentwicklung sowie das Lernverhalten der Kinder stellen kann. Wenngleich an dieser Stelle darauf hinzuweisen ist, dass die Berücksichtigung der Lebenswelt und ein Aufgreifen der kindlichen Interessen durchaus zu Qualitätsmerkmalen des Anfangsunterrichts gezählt werden kann. Ebenso kann auch der Unterricht in der Grundschule Kindern, z. B. im Kontext geöffneter Unterrichtsformen, wie Wochenplanarbeit, Freiarbeit oder Werkstattarbeit, vielfältige Möglichkeiten zur Selbst- und Mitbestimmung eröffnen (vgl. Hanke, 2007; Knauf, 2009).

Neben neuen curricularen Verpflichtungen, die vor allem Auswirkungen auf die Unterrichtsgestaltung haben, sind mit dem Übergang in die Grundschule auch weitere Veränderungen verbunden (vgl. Hanke, 2007). Hierzu zählt u. a. eine Veränderung der *Rhythmisierung* der Lebenszeit, abhängig von der zeitlichen Strukturierung und Organisation des Schultages, z. B. in Lern- und Pausenzeiten. Die Kinder können in diesem Zusammenhang häufig nicht mehr freiwillig entscheiden, ob sie am Unterricht oder einer spezifischen Aktivität teilnehmen, da der Schulbesuch obligatorisch ist, wenngleich sich im Rahmen dessen durchaus Selbst- und Mitbestimmungsmöglichkeiten für Kinder ergeben können. Zudem begegnen ihnen im Schul- und Unterrichtsleben verschiedene (ggf. neue) *Regeln und Rituale*, welche beispielsweise den Ablauf des Tages bzw. einer Unterrichtsstunde oder auch das soziale Miteinander betreffen. Darüber hinaus lernen Kinder neue *Lebensräume* am Lernort Schule kennen, in denen sie sich orientieren müssen. Hierzu zählen beispielsweise das Schulgelände und

Schulgebäude mit verschiedenen Funktionsbereichen, z. B. Schulhof, Toiletten, Turnhalle, Bibliothek, oder auch das Klassenzimmer, welches ggf. ebenfalls in verschiedene Funktionsbereiche gegliedert ist, z. B. Leseecke, Mathematikregal, Computerarbeitsplatz.

Neben den genannten Aspekten ist auf kontextueller Ebene darauf zu verweisen, dass zeitnah zur Einschulung ggf. *weitere Transitionen bzw. Veränderungen* Herausforderungen an die Schulanfänger stellen könnten, wie z. B. die Aufnahme oder Beendigung einer Erwerbstätigkeit durch ein Elternteil, die Geburt von Geschwistern, die Trennung der Eltern oder auch die Veränderung von Betreuungsstrukturen innerhalb der Familie (vgl. Griebel & Niesel, 2011). Eine Studie von Beelmann (2002) gibt in diesem Kontext Hinweise darauf, dass durch entsprechende Veränderungen, die möglicherweise mit Belastungen für die Kinder verbunden sind, Verhaltensauffälligkeiten und Anpassungsstörungen von Kindern im Übergang ebenfalls mit beeinflusst werden könnten (vgl. zur Studie auch Kapitel 3.1). Auch die Ausführungen in diesem Teilkapitel machen deutlich, dass der Übergang von der KiTa in die Grundschule für das Kind mit vielfältigen Herausforderungen verbunden ist, die gleichzeitig als wichtige Entwicklungsimpulse verstanden werden können (vgl. Kapitel 1.2).

2.2 Vorstellungen von Kindern bezogen auf den Übergang in die Grundschule

Nachdem erörtert wurde, welche Entwicklungsaufgaben aus theoretischer und empirischer Sicht für Kinder mit dem Übergang von der KiTa in die Grundschule verbunden sind, erscheint es nun von Interesse, die Perspektive von Kindern selbst auf den bevorstehenden Schuleintritt genauer in den Blick zu nehmen. Auch auf diese Weise können wichtige Einsichten darüber gewonnen werden, was Kinderstärken im Übergang ausmachen und wie Kinder in diesem Bewältigungsprozess unterstützt werden können. Zur Erforschung der *Vorstellungen von KiTa-Kindern über Schule* wurden bislang sowohl national als auch international vor allem qualitativ ausgerichtete Interviewstudien durchgeführt, die z.T. unterschiedliche Schwerpunktsetzungen aufweisen.

So standen die Sorgen von Kindern im Vorfeld der Einschulung beispielsweise im Fokus einer Studie von Wong (2014), welche in Hongkong durchgeführt wurde. Gefragt nach unerfreulichen Ereignissen beim Übergang in die Schule kamen die befragten Vorschulkinder im Rahmen von bildgestützten Interviews (draw-and-tell-method) vor allem auf Verlustgefühle, Befürchtungen vor Mobbing und Konflikten unter Kindern, aber auch auf ihre Nervosität bezogen auf die neue Autorität und ihre Angst zu sprechen, den Erwartungen der Lehrkraft nicht gerecht werden zu können. Ähnliche Sorgen berichteten auch Kinder im Rahmen einer Interviewstudie von Dockett und Perry (2004) in Australien. Hier war es den Kindern u.a. wichtig, in der Schule die bestehenden Regeln zu kennen und einzuhalten, den Erwartungen der Lehrkräfte auf diese Weise gerecht zu werden sowie insgesamt die Anforderungen des Schulalltags zu bewältigen. Darüber hinaus war es für die befragten Kinder von besonderer Relevanz, mit den anderen Kindern zurechtzukommen und Freundschaften zu schließen, ein Hinweis auf die Bedeutung der interaktionalen Ebene (vgl. Kapitel 2.1.2). In der Studie von Wong erwiesen sich die geäußerten Sorgen der Kinder durchaus als zutreffend, wie sich in Interviews mit einem Teil der Kinder nach der Einschulung zeigte. Allerdings waren die befragten Kinder prinzipiell optimistisch eingestellt und waren der Auffassung, dass unerfreuliche Erlebnisse eher manchmal eintreten würden und eher von vorübergehender Dauer wären. Als Bewältigungsstrategien berichteten die Kinder, die u.a. auch an einem Förderprogramm zur Unterstützung entsprechender Strategien teilgenommen hatten (Zippy´s Friends; vgl. Kapitel 3.2.1), sowohl von Maßnahmen im Sinne eines direkten Problemlösens als auch von Bemühungen, Unterstützung von Erwachsenen oder anderen Kindern zu erhalten (vgl. Wong, 2014). Zu berücksichtigen sind in dem Zusammenhang sicher auch Besonderheiten des jeweiligen Bildungssystems. Eine kritische Analyse des chinesischen Bildungssystems findet sich beispielsweise im Film »Alphabet« von Erwin Wagenhofer aus dem Jahr 2013.

Einblicke in die Vorstellungen von Vorschulkindern darüber, was in Schule inhaltlich passiert, geben beispielsweise erste Befunde des Dissertationsprojektes von Kasanmascheff. In diesem befragte sie u. a. Vorschulkinder mit Hilfe von bild- und materialgestützten Interviews (z. B. unter Einbezug von Bildmaterial, szenischen Darstellungen und einer Traumreise als Imaginationshilfe) zu ihren Auffassungen von dem, was Schulkinder im Unterricht machen. Die geäußerten Vorstellungen der Kinder bezogen sich vor allem auf das Erlernen von Lesen, Schreiben und Rechnen und wiesen einen starken Fachbezug auf. Aussagen der Kinder finden sich ebenso, wenn auch in geringerer Häufigkeit, bezogen auf das Einhalten von Regeln oder den Umgang mit Instruktionen (vgl. zu ähnlichen Befunden Hielscher, 2010). Einige Kinder besaßen allerdings noch keine Idee von dem, was im Unterricht passieren wird, oder berichteten eher unterrichtsferne Ansichten. Insgesamt zeichnen sich die Vorstellungen der Kinder eher durch schlagwortartige Beschreibungen aus und verbleiben auf einer eher allgemeinen, wenig konkreten Ebene (vgl. Kasanmascheff & Martschinke, 2014).

Dies spiegelt sich auch in den Befunden einer Studie von Peters (2012) wider, in welcher sie u. a. 4,5- bis 5,5-jährige Kindern in Arizona vor ihrem Übergang in den ›kindergarten‹ befragt hat. Dies entspricht dort dem ersten Jahr an der ›elementary school‹ und wäre in Deutschland mit dem Übergang ins 1. Schuljahr vergleichbar. So zeigten sich in der Untersuchung zwar durchaus Unterschiede zwischen den Kindern bezogen auf den Grad der Kenntnisse über die neue Institution. Insgesamt zeigte sich die Tendenz, dass die Kinder wenig Konkretes darüber wussten, was sie erwarten wird. Vorhandene Vorstellungen zeichneten sich vor allem durch eine Abgrenzung zum ›prekindergarten‹ aus, z. B. in der Form, dass die Kinder dachten, in der neuen Institution weniger Möglichkeiten zum Spielen zu haben und dafür mehr arbeiten zu müssen. Eine entsprechende Abgrenzung zwischen der Möglichkeit zu spielen in der vorschulischen Einrichtung und der Notwendigkeit zu lernen bzw. zu arbeiten in der Grundschule nahmen auch KiTa-Kinder aus Deutschland vor, die im Rahmen einer Studie von Griebel und Niesel (2002) befragt worden waren. In diesem Kontext entstand in den Interviews auch der Eindruck, »[...] dass die Pausen in der Vorstellung der Vorschulkinder so etwas wie eine ›Insel der Kindheit‹ im Schulalltag darstellen, ein verbindendes Element zwischen dem Spielen im Kindergarten und dem Lernen in der Schule« (ebd., S. 82). Für diese Tendenz sprechen auch Befunde einer Interviewstudie von Reichmann (2011). Die befragten Vorschulkinder standen dem Schuleintritt zwar in der Regel wohlgesinnt gegenüber. Besonders positiv eingeschätzt wurden von den Kindern aber vor allem Aktivitäten, die ihnen aus der KiTa vertraut waren und Spaß machten, z. B. sportliche oder künstlerische Aktivitäten, das Spielen oder eben die Pause. Die Antizipation des neuen Klassenverbandes war hingegen eher mit negativen Emotionen bei den Kindern verbunden, z. B. aus Sorge, abgelehnt zu werden und sich isoliert zu fühlen (vgl. hierzu auch Kapitel 2.1.2). Auch bezogen auf andere schulspezifische Merkmale äußerten die befragten Kinder überwiegend ambivalente Gefühle und z.T. auch Sorge, sich z. B. zu verlaufen oder in Bezug auf das Erlernen von Kulturtechniken zu versagen (vgl. Reichmann, 2011). In einer Studie von Einarsdóttir (2011) in Island ergaben sich die Vorstellungen der in Gruppeninterviews auf der Basis ihrer Zeichnungen befragten Schulanfänger ebenfalls vor allem in Abgrenzung zur vorschulischen Einrichtung. Zudem berichteten Kinder auf der einen Seite von dem Gefühl, nun stärker verantwortlich für ihr eigenes Handeln zu sein, z. B. was das Anziehen der Jacke in der Pause anbelangt. Auf der anderen Seite wiesen Kinder darauf hin, dass sie nun weniger Möglichkeiten zur Selbst-

bzw. Mitbestimmung hatten, was z. B. die Inhalte oder Aktivitäten anbelangt. Grundlage für ihre Äußerungen waren eigene Erfahrungen, da sie sich bereits in der Mitte ihres ersten Schuljahres befanden.

In dem bereits angesprochenen Dissertationsprojekt von Kasanmascheff zählten Freunde der Kinder und die Familie, vor allem die Mutter, zu wichtigen Bezugsquellen der vorhandenen Kenntnisse der Vorschulkinder über Schule. Als weitere wichtige Bezugsquelle stellten sich allerdings auch die Primärerfahrungen der Kinder in der Schule heraus, z. B. der Besuch eines Klassenzimmers oder die Teilhabe an Schnuppertagen (vgl. Kasanmascheff & Martschinke, 2014). Familienmitglieder oder Freunde stellten auch in der Studie von Hellmich (2007) die Hauptinformationsquelle der Kinder dar, weniger allerdings eigene Besuche in der KiTa, an die sich die Kinder scheinbar kaum noch erinnern konnten. Wie in den anderen Studien blieben auch in dieser Untersuchung die von den Kindern formulierten Vorstellungen von Schule relativ oberflächlich und bezogen sich auf das Erlernen wichtiger Kulturtechniken und das Einhalten von Regeln. Auffällig war, dass die Kinder, wenn sie sich überhaupt konkreter zu Lehr-Lernformen in der Grundschule äußerten, vor allem auf Aktivitäten wie das Vormachen durch die Lehrkraft und das Nachmachen durch die Kinder zu sprechen kamen. Wie viele der zuvor angesprochenen Vorstellungen von Vorschulkindern über Schule entspricht auch dies in der Regel nicht unbedingt der aktuellen Unterrichtspraxis an Grundschulen, die, im Sinne eines konstruktivistisch orientierten Lernverständnisses, häufig auch von Phasen der Eigenaktivität der Kinder geprägt ist, z. B. im Kontext geöffneter Unterrichtsformen (vgl. Kapitel 2.1.3).

Insgesamt scheinen somit Gespräche mit den Kindern und einmalige Besuche in der Grundschule zwar bedingt geeignet zu sein, Kindern erste Einblicke in die Institution Grundschule zu geben, was als ein Schutzfaktor einer erfolgreichen Übergangsbewältigung angesehen werden kann. Die Vorstellungen der Vorschulkinder über Schule bleiben allerdings relativ vage. Möglicherweise können regelmäßigere Besuche von KiTa-Kindern in der Grundschule oder gemeinsame Projekte, im Rahmen derer sie aktiv am Unterricht beteiligt sind, zu konkreteren Vorstellungen beitragen (vgl. für Beispiele Kapitel 3.2.3).

Zusammengefasst wird deutlich, dass auch aus der Perspektive von Kindern der Übergang von der KiTa in die Grundschule mit vielfältigen individuellen (z. B. Bewältigung von Sorgen, Erlernen von Lesen, Schreiben und Rechnen), interaktionalen (z. B. neue Freundschaften knüpfen, Isolationsangst) und kontextuellen Entwicklungsaufgaben (z. B. Umgang mit Regeln, veränderte Schwerpunktsetzungen, was Spielen und Lernen anbelangt) verbunden ist und somit eine Stärkung und Begleitung von Kindern im Prozess der Übergangsbewältigung unbedingt notwendig erscheint, auf die nun in den folgenden Kapiteln näher eingegangen wird.

3

Kinder individuell stärken für eine erfolgreiche Bewältigung des Übergangs von der KiTa in die Grundschule

Nachdem verschiedene Herausforderungen aufgezeigt wurden, die mit dem Übergang von der KiTa in die Grundschule verbunden sind, stellt sich nun die Frage, wie Kinder bei der Bewältigung der entsprechenden Entwicklungsaufgaben unterstützt und gestärkt werden können, um auf diese Weise zu einem für sie individuell anschlussfähigen Übergang von der KiTa in die Grundschule (vgl. Kapitel 1.3) beizutragen. In diesem Kontext werden Bezüge zum *Resilienzkonzept* hergestellt. Resilienz bedeutet nach Wustmann »[...] eine psychische Widerstandsfähigkeit von Kindern gegenüber biologischen, psychologischen und psychosozialen Entwicklungsrisiken, [die] [...] eine signifikante Bedrohung für die kindliche Entwicklung [...]« (Wustmann, 2007, S.121) darstellen. Hierzu zählen z. B. chronische Krankheiten, dauerhafte Armut, Trennung der Eltern, Verlust von nahestehenden Personen oder auch andere traumatische Erlebnisse. Liegen solche oder ähnliche Vulnerabilitätsfaktoren auf Seiten der Kinder bzw. Risikofaktoren auf Seiten ihres sozialen Umfelds vor, kann der Übergang von der KiTa in die Grundschule noch einmal verstärkt zur Herausforderung werden. Aus salutogenetischer Perspektive wird im Resilienzkonzept in den Blick genommen, welche Fähigkeiten und Kontextbedingungen Kinder aufweisen, die sich trotz allem positiv und gesund entwickeln. Es wird hierbei, wie im Transitionsansatz, erneut von einer aktiven Rolle des Individuums bei der Bewältigung von Stress- und Risikosituationen ausgegangen. Angenommen wird zudem, dass sich sowohl personale als auch soziale Ressourcen als risikomildernd auswirken können (vgl. ebd.). In dieser Hinsicht bestehen ebenfalls Parallelen zum Transitionsansatz, in dem davon ausgegangen wird, dass das Vorhandensein gewisser Schutzfaktoren Kinder darin unterstützen kann, den Übergang erfolgreich zu bewältigen. Analog zu den in Kapitel 2.1 vorgestellten Entwicklungsaufgaben können diese auf einer individuellen, interaktionalen und kontextuellen Ebene verortet werden und werden in Kapitel 3.2 thematisiert. Zunächst wird geklärt, wann von einem erfolgreich bewältigten Übergang von der KiTa in die Grundschule gesprochen werden kann und wie sich das Bewältigungsverhalten von Kindern gestaltet.

3.1 Merkmale eines von Kindern erfolgreich bewältigten Übergangs von der KiTa in die Grundschule

Nach Griebel und Niesel kann im Sinne des Transitionsansatzes (vgl. Kapitel 1.2) dann von einem *erfolgreich bewältigten Übergang von der KiTa in die Grundschule* bzw. von einem ›kompetenten Schulkind‹ gesprochen werden, »[...] wenn das Kind sich emotional, psychisch, physisch und intellektuell angemessen in der Schule präsentiert [...], wenn es sich in der Schule wohlfühlt, die gestellten Anforderungen bewältigt und die Bildungsangebote für sich optimal nutzt« (Griebel & Niesel, 2003, S. 143). Es wird deutlich, dass auch die Frage danach, ob und wie der Übergang in die Grundschule gemeistert wurde, individuell zu beantworten ist. Im Sinne einer ökosystemischen Perspektive sind nicht nur die Bewältigungsprozesse des Kindes zu berücksichtigen, sondern auch die an das Kind gestellten individuellen oder curricularen Anforderungen und die ihm jeweils zur Verfügung stehenden Ressourcen. Die Angaben zum *Anteil an Kindern, die Probleme bei der Bewältigung des Übergangs aufweisen,* variieren in der Literatur (vgl. Faust, 2008; Griebel & Niesel, 2007). Der Anteil liegt häufig bei ca. 10 % oder niedriger. Schwankungen sind sicherlich darauf zurückzuführen, dass in den Studien häufig unterschiedliche Aspekte einer erfolgreichen Übergangsbewältigung in den Blick genommen und unterschiedliche Untersuchungsdesigns verwendet wurden, was z. B. die Untersuchungsinstrumente (Fragebogen, Tests, Beobachtungen etc.) oder auch die teilnehmenden Personengruppen (Kinder, Eltern, pädagogische Akteure etc.) betrifft.

Befunde einer Studie, von der Denner und Rappenecker (2012) berichten, weisen zudem darauf hin, dass sich der Anteil an Kindern mit Übergangsproblemen ggf. auch von Klasse zu Klasse unterscheidet. So geht rund ein Drittel der mittels Fragebogen befragten Erstklasslehrkräfte davon aus, dass der Anteil an Kindern mit Übergangsproblemen in ihrer Klasse zwischen 0 und 10 %

liegt. Ein weiteres Drittel der Befragten schätzt, dass dies 11 bis 20 % der Kinder ihrer Klasse betrifft. Für 17 % der Befragten liegt der Anteil noch höher, bei 1,7 % der Lehrkräfte sogar um die 41 bis 50 % der Kinder (vgl. ebd.). Rückblickende Einschätzungen von Eltern im Rahmen des FiS-Projektes deuten wiederum beispielsweise darauf hin, dass sich über die Hälfte der Kinder (56 %) bereits von der ersten Schulwoche an in der Rolle als Schulkind wohlfühlte, weitere 22 % bereits nach einigen Schulwochen. Im Sinne der oben angeführten Definition wäre dies ein wichtiges Kriterium für eine erfolgreiche Übergangsbewältigung. Es gibt allerdings auch wenige Kinder, die sich erst nach einigen Schulmonaten (7 %), dem ersten Schulhalbjahr (7 %) oder dem ersten Schuljahr (4 %) in ihrer neuen Rolle wohlfühlten, während dies für 4 % der Kinder auch Mitte des 2. Schuljahres noch nicht der Fall war. Rund 7 % der Kinder zeigten auch bereits vor dem Schulbeginn, nach Auskunft ihrer Eltern, ein eher zurückhaltendes Verhalten bezüglich ihrer Einschulung, während die überwiegende Mehrheit (ca. 70 %) der Kinder häufig Vorfreude auf das bevorstehende Ereignis äußerte (vgl. Hein, Eckerth & Hanke, 2011). In einer Studie von Hellmich (2007) lag dieser Anteil sogar bei 96 %. Die angeführten Befunde des FiS-Projektes geben insgesamt Hinweise darauf, dass die überwiegende Mehrheit der am Projekt teilnehmenden Kinder den Übergang in sozial-emotionaler Hinsicht erfolgreich zu meistern scheint. Es wird allerdings auch deutlich, dass sich für einen kleinen Teil der Kinder die Übergangsbewältigung und Statusfindung nicht nur auf einen kurzen Zeitraum des Wechsels der Institutionen beschränkt, sondern länger fortdauern kann; ein erneutes Indiz für den hohen Grad der Individualität des Prozesses. Hinweise hierauf liefern z. B. auch die Befunde einer Studie von Müller (2014), im Rahmen derer sie u. a. unterschiedliche Bewältigungsportraits von Kindern bezogen auf den Übergang von einer in die Grundschule integrierten Vorschule in die Grundschule herausgearbeitet hat. Ebenso verweisen Ergebnisse einer Studie von Schneider (2001) darauf, dass sich die Bewältigung des Übergangs von der KiTa in die Grundschule z.T. relativ unterschiedlich vollzieht. Auf Basis biographischer Reflexionen konnte sie fünf Bewältigungsstrategien des Einschulungserlebens identifizieren. So wurde von einigen Befragten der Schulanfang eher positiv konnotiert, als »Betreten eines Nestes« (ebd., S. 465) und Abwechslung zu belastenden häuslichen Verhältnissen oder auch als wichtiger »Impulsgeber« (ebd., S. 461), was die eigene Weiterentwicklung und z. B. das Erlernen von Kulturtechniken anbelangt. Für andere Befragte blieb der Schulanfang wiederum als »Balanceerfahrung« (ebd., S. 460) im Gedächtnis, z. B. zwischen den eigenen Bedürfnissen und den gestellten Anforderungen. Weitere Befragte erlebten den Schulanfang wiederum als »Bruch« (ebd., S. 462), der häufig mit Angst und negativen Emotionen verbunden war, oder auch als »Distanzwelt« (ebd., S. 464) zur eigenen Lebenswelt.

Beelmann (2002) konnte in seiner Studie ebenfalls verschiedene Typen der Übergangsbewältigung identifizieren. Im Fokus standen hierbei Verhaltensauffälligkeiten und Anpassungsstörungen von Kindern. Bei ca. 14 % der Kinder konnte diesbezüglich eine Zunahme im Verlauf des Übergangs festgestellt werden. Sie können, mit den Begrifflichkeiten von Griebel & Niesel gesprochen, zu den »Übergangsgestressten« (Griebel & Niesel, 2002, S. 44) gezählt werden. Ein ähnlich hoher Anteil an Kindern (ca. 15 %) schien allerdings vom Übergang sogar zu profitieren, da eine Abnahme von Anpassungsstörungen zu verzeichnen war. Darüber hinaus wiesen ca. 42 % der Kinder konstant niedrige Werte auf, während ca. 29 % mit konstant hohen Werten zur Gruppe der »Risikokinder« (ebd., S. 44) gezählt wurden. Bedeutsam für Verhaltensprobleme nach der Einschulung scheinen demnach vor allem Auffälligkeiten vor Schulbeginn zu sein. Als wichtig stellten sich zudem Belastungen in der Familie, in Gleichaltrigenbeziehungen und bei der pädagogischen Betreuung durch Lehrkräfte heraus (vgl. ebd.).

Befunde der BIKS-Studie verweisen ebenfalls darauf, dass Persönlichkeits- oder Verhaltensprobleme gewöhnlich längerfristig bestehen und nach Faust, Kratzmann und Wehner weniger als »Schuleintrittskrisen« (Faust, Kratzmann & Wehner, 2013, S. 268) in Erscheinung treten. So konnten bezogen auf die in der Studie berücksichtigen Skalen im Bereich psychosozialer Belastungen zumeist keine signifikanten Veränderungen in der Übergangsphase von der KiTa in die Grundschule festgestellt werden. Bezogen auf ängstlich-depressives Verhalten ergab sich sogar eine Abnahme im Verlauf des ersten Schuljahres. Als wichtige Prädiktoren für einen erfolgreichen Schuleinstieg erwiesen sich auf individueller Ebene beispielsweise die Vorläuferkompetenzen der Kinder oder auch das Geschlecht. So wurden Mädchen bezogen auf ihre Anstrengungsbereitschaft und Bewältigung des Schultages positiver eingeschätzt. In familiärer Hinsicht schien vor allem ein höherer Bildungsstand der Eltern relevant für die eingeschätzte Selbständigkeit, Schuleinstellung und die schriftsprachlichen Fähigkeiten der Kinder zu sein. Für Maßnahmen auf institutioneller Ebene, z. B. gegenseitige Besuche und ein Austausch über Kinder, ergaben sich in der BIKS-Studie keine positiven Effekte (vgl. ebd.), allerdings wurde auch nicht die Intensität oder Qualität der Maßnahmen erfasst.

Kontextbedingungen der Bewältigung des Übergangs von der KiTa in die Grundschule standen auch im Fokus einer Studie von Grotz (2005). Zu bedeutungsvollen Bedingungen einer erfolgreichen Übergangsbewältigung zählten umgebungsbezogene Faktoren, wie insbesondere die vom Kind wahrgenommene Unterstützung durch die Lehrkraft und durch die Familie nach dem Übergang, was für die Relevanz einer Übergangsbegleitung auch nach Schulbeginn spricht. Die vom Kind wahrgenommene Unterstützung vor dem Übergang schien z. B. eher eine untergeordnete Rolle zu spielen. Allerdings erwies sich die kindliche Anpassungsfähigkeit im Vorschulalter als bedeutsam für die Bewältigung des Übergangs, so dass Grotz in diesem Bereich fordert, möglichst früh mit einer Förderung von Kindern zu beginnen und Anpassungsprobleme von Kindern ernst zu nehmen, da sich diese als relativ stabil erweisen würden (vgl. ebd.).

Auch wenn an dieser Stelle nur auf einzelne Studien exemplarisch verwiesen werden konnte, wird deutlich, dass der Großteil der Kinder (zumeist ca. 90 %) den Übergang in die Grundschule in verschiedener Hinsicht erfolgreich zu bewältigen scheint. Insbesondere die von Beelmann (2002), Hein, Eckerth und Hanke (2011), Müller (2014) sowie Schneider (2001) berichteten Ergebnisse weisen allerdings auch darauf hin, dass sich durchaus individuelle Entwicklungs- und Bewältigungsverläufe zeigen und für einige Kinder ein erhöhter Unterstützungsbedarf zu bestehen scheint. Erste Hinweise auf mögliche Schutzfaktoren einer erfolgreichen Übergangsbewältigung konnten den vorgestellten Befunden bereits entnommen werden (vgl. Beelmann, 2002; Faust, Kratzmann & Wehner, 2013; Grotz, 2005), ausführlich wird auf entsprechende Faktoren im folgenden Kapitel eingegangen.

3.2 Schutzfaktoren für eine erfolgreiche Bewältigung des Übergangs von der KiTa in die Grundschule durch Kinder im Sinne des Transitionsansatzes

3.2.1 Schutzfaktoren auf individueller Ebene

Als ein möglicher Schutzfaktor auf individueller Ebene wird eine zumindest durchschnittliche *Intelligenz von Kindern* genannt (vgl. Griebel & Niesel, 2004; Grotz, 2005). Zu ergänzen wären gewisse *lernbereichsspezifische Fähigkeiten* der Kinder, z. B. im Bereich phonologischer Bewusstheit oder bezogen auf ihr mengen- und zahlenbezogenes Vorwissen, da diese zentrale Prädiktoren für ihre weitere Lernentwicklung darstellen (vgl. Bos & Scharenberg, 2010; Hasselhorn & Gold, 2009; Helmke, 1997; vgl. Kapitel 2.1.1) und somit z. B. auch bedeutsam für das Zurechtkommen mit curricularen Anforderungen erscheinen. Eine frühe Diagnose durch pädagogische Akteure in KiTa und Grundschule sowie eine hierauf aufbauende anschlussfähige individuelle Förderung von Kindern in beiden Institutionen (vgl. Kapitel 1.3) können daher ebenfalls als wichtige Schutzfaktoren angesehen werden und einen wesentlichen Beitrag zum Bildungserfolg von Kindern leisten.

Als weitere individuelle Schutzfaktoren einer erfolgreichen Übergangsbewältigung wären in diesem Kontext eine *positive Einstellung zur Schule und zum Lernen* sowie eine gewisse *Anstrengungsbereitschaft und Lernfreude* zu nennen. Forschungsbefunde weisen darauf hin, dass Kinder mit einer höheren Lernfreude in der Grundschule auch bessere Leistungen erzielen (vgl. Lehrl & Richter, 2012). Im Rahmen der BIKS-Studie wurde festgestellt, dass die Qualität der vorschulischen Förderung von Kindern die affektiv-motivationale Entwicklung der Kinder in diesen Bereichen nachhaltig beeinflussen kann. So berichteten Kinder, die eine KiTa mit höherer Qualität besucht haben bzw. in deren Familien eine höhere Förderqualität festgestellt wurde, noch in der 2. Klasse von einer höheren Lernfreude und Anstrengungsbereitschaft.

Gewisse *personale Kompetenzen* können sich ebenfalls förderlich auf die Entwicklung von Lernfreude und Anstrengungsbereitschaft auswirken und zugleich als weitere wichtige individuelle Schutzfaktoren einer erfolgreichen Übergangsbewältigung angesehen werden, z. B. im Kontext des Statuswechsels vom KiTa- zum Schulkind, aber auch bei Bewältigung curricularer Anforderungen etc. Zu entsprechenden personalen Kompetenzen können ein positives Selbstkonzept der Kinder (wie sie sich sehen), ein positives Selbstwertgefühl (wie sie sich bewerten) und auch positive Selbstwirksamkeitserwartungen (wie viel Einfluss sie sich zuschreiben bzw. als wie wirksam sie sich empfinden) gezählt werden, die eng miteinander verbunden sind (vgl. Frank & Martschinke, 2012; Miller & Velten, 2015). Die Entwicklung von Selbstwirksamkeitsüberzeugungen steht hierbei wiederum in engem Zusammenhang mit Erfahrungen von Kindern, in ihrem Alltag selbst aktiv zu werden, Könnenserfahrungen zu sammeln und Möglichkeiten der Selbst- und Mitbestimmung zu erleben, z. B. durch die Eröffnung von kindlichen Handlungsspielräumen in KiTa und Grundschule (vgl.

u. a. Velten i. V.). Zu den Fragen, welche Handlungsspielräume und Möglichkeiten zur Selbst- und Mitbestimmung Kinder selbst zunächst in der KiTa und anschließend in der Grundschule wahrnehmen und erleben und welche Selbstwirksamkeitserfahrungen sie hierbei sammeln, liegen bislang allerdings kaum Befunde vor (vgl. ebd.). Diesem Forschungsbedarf geht aktuell Velten in einer qualitativen Längsschnittstudie nach, in welcher sie Kinder sowohl vor Schulbeginn als auch nach Schulbeginn u. a. auf der Basis von durch die Kinder selbst erstellten Fotos aus ihrem KiTa- bzw. Grundschulalltag zu ihrer Wahrnehmung der eigenen Selbstwirksamkeit befragt hat. Zurzeit erfolgt eine inhaltsanalytische und sequenzanalytische Strukturierung und Auswertung der Daten. Erste Fallanalysen liegen bereits vor. Befunde verweisen u. a. darauf, dass von den Kindern vor allem eigene Handlungen als wesentlich und insbesondere Spielsituationen als Möglichkeiten für Partizipations- und Autonomieerfahrungen wahrgenommen werden (vgl. ebd.).

Bezogen auf die Selbstkonzeptentwicklung von Kindern im Übergang von der KiTa zur Grundschule gibt es hingegen bereits einige Befunde. Diese verweisen darauf, dass die Selbstkonzeptentwicklung von Kindern schon im frühen Kindesalter beginnt und sich im Verlauf der Zeit immer weiter ausdifferenziert. Während in der KiTa-Zeit vor allem noch allgemeine Beschreibungskategorien wie die Identifikation mit dem Geschlecht, dem Alter oder der Haarfarbe im Vordergrund stehen, wird in der Grundschulzeit der soziale Vergleich immer wichtiger. Ebenso wurde festgestellt, dass das schulische bzw. bereichsspezifische Selbstkonzept von Kindern in der KiTa und auch am Anfang der Grundschulzeit noch sehr hoch ausgeprägt ist. »[G]erade kleine Kinder sind [...]«, nach Frank und Martschinke, »[...] oft der Meinung, durch Anstrengung alles erreichen zu können« (ebd., S. 146). Im weiteren Verlauf der Grundschulzeit sind dann leicht abnehmende Tendenzen zu erkennen, bis hin zu einem eher mäßig überdurchschnittlichen Selbstkonzept. Auch der Zusammenhang mit lernbereichsspezifischen Leistungen wird immer enger.

3.2 Schutzfaktoren für eine erfolgreiche Bewältigung des Übergangs

Helmke charakterisiert diese Entwicklung als eine Entwicklung »vom Optimisten zum Realisten« (Helmke, 1998, S. 120; vgl. hierzu auch Schick, 2012). Für die Bewältigung des Übergangs von der KiTa in die Grundschule erscheint u. a. das »*Selbstkonzept der Schulfähigkeit*« (Rauer & Schuck, 2004, S. 15) von Interesse zu sein. Im bereits erwähnten FiS-Projekt war dieses sowohl am Ende der KiTa als auch am Anfang der Grundschulzeit durchschnittlich sehr hoch ausgeprägt, was für ein Vorhandensein dieses Schutzfaktors bei der Mehrheit der Kinder spricht. Die Werte nahmen sogar vom letzten halben Jahr in der KiTa bis zum Ende des 1. Schuljahres hin signifikant zu, während zum Ende des 2. Schuljahres ein leichter, nicht signifikanter Abfall zu verzeichnen war. Zwischen Mädchen und Jungen konnten insgesamt keine Unterschiede festgestellt werden. Kinder mit Migrationshintergrund zeigten allerdings gegenüber Kindern ohne Migrationshintergrund tendenziell ein negativeres Selbstkonzept, was ggf. auf einen besonderen Unterstützungsbedarf für spezifische Gruppen von Kindern hindeutet. So wurden auf der Basis von Clusteranalysen auch unterschiedliche Entwicklungstypen deutlich. So zeigte die überwiegende Mehrheit der Kinder den zuvor skizzierten Verlauf (Typ 1: leichter Anstieg des Selbstkonzeptes der Schulfähigkeit bis zum Ende des 1. Schuljahres, dann leichter Abfall), während andere Kinder entweder ein Tief ihres Selbstkonzepts der Schulfähigkeit am Ende des 1. (Typ 2) oder 2. Schuljahres (Typ 3) aufwiesen oder sowohl ein Tief Anfang des 1. als auch am Ende des 2. Schuljahres (Typ 4). Ein fünfter Typ zeichnete sich wiederum dadurch aus, dass das Selbstkonzept zwar zu Schulbeginn zunächst stark absank, dann aber bis zum Ende des 2. Schuljahres wieder signifikant anstieg (vgl. Eckerth, Hein & Hanke, 2011). Insgesamt wird deutlich, dass sich auch für das Vorhandensein individueller Schutzfaktoren, wie dem Selbstkonzept der Schulfähigkeit, für die Mehrheit der Kinder zwar positive Tendenzen abzeichnen, z.T. aber auch große Gegensätze und somit unterschiedliche Unterstützungsbedarfe bestehen. Dies scheint nicht nur die direkte Übergangsphase zu betreffen, sondern auch den weiteren Verlauf des Anfangsunterrichts. Zur Stärkung der Persönlichkeit von Kindern in der Übergangsphase liegen mittlerweile einige Förderprogramme vor (siehe unten), die in der Regel neben personalen Kompetenzen auch emotionale und soziale Kompetenzen sowie die Entwicklung problemlösender Bewältigungsstrategien zum Ziel haben. Aspekte, die ebenfalls zu zentralen individuellen Schutzfaktoren einer erfolgreichen Übergangsbewältigung gezählt werden können (vgl. Griebel & Niesel, 2004; Grotz, 2005).

Zu *emotionalen Kompetenzen* gehören beispielsweise Fähigkeiten der Kinder, Emotionen bei sich und anderen zu erkennen, sich in andere hineinversetzen und über Emotionen kommunizieren zu können, die Wirkungen von Emotionen abzuschätzen sowie zu lernen, Emotionen zu regulieren, z. B. durch Techniken der Selbstberuhigung (vgl. Frank & Martschinke, 2012). Die Entwicklung entsprechender Kompetenzen beginnt bereits im frühkindlichen Bereich und differenziert sich weiter aus, so dass Kinder in der Grundschule immer mehr die Fähigkeit entwickeln, auch komplexe, vielschichtige Emotionen zu verstehen und ihre Entstehungsbedingungen und Folgen zu reflektieren (vgl. ebd.). Sind entsprechende Kompetenzen nicht ausreichend vorhanden, z. B. was die Regulation von Wut und Angst anbelangt, kann sich dies, ebenso wie das Fehlen sozialer Kompetenzen, negativ auf soziale Beziehungen und das Gruppenklima auswirken, wichtige Schutzfaktoren auf interaktionaler Ebene (vgl. Kapitel 3.2.2).

Zu *sozialen Kompetenzen* können nach Petillon u. a. die Fähigkeit und Bereitschaft gezählt werden, sich sozial sensibel in die Rolle eines anderen hineinzuversetzen, sich tolerant gegenüber anderen zu zeigen, die eigenen Erwartungen und Bedürfnisse mit Fremderwartungen zu koordinieren, sich einer Gruppe zugehörig zu fühlen und gemeinsam bzw. solidarisch mit dieser zu handeln, hierbei gewisse Regeln des Zusammenlebens zu entwickeln, einzuhalten und ggf. zu verändern. Zentral ist in diesem Kontext auch die Bereitschaft und Fähigkeit, konstruktiv Konflikte zu lösen, das Handeln von sich und anderen auch kritisch zu hinterfragen und ggf. Handlungsalternativen zu entwickeln. Als Grundlage hierfür gehören die Bereitschaft und Fähigkeit, mit anderen Personen Kontakt aufzunehmen bzw. Kontaktangebote anderer anzunehmen, sowie die Bereitschaft und Fähigkeit zum kommunikativen Austausch, zu weiteren zentralen sozialen Kompetenzen in unserem Kulturkreis (vgl. Petillon, 2014; vgl. hierzu auch Frank & Martschinke, 2012).

Die genannten Kompetenzen scheinen u. a. auch vor dem Hintergrund von Bedeutung, dass eine häufige Sorge von Vorschulkindern darin besteht, in der Schule keine Freunde zu finden und isoliert zu sein etc. (vgl. Kapitel 2.2). Ein positives, von Offenheit, Flexibilität und Aktivität geprägtes *Temperament* der Kinder, welches in der Literatur als weiterer individueller Schutzfaktor genannt wird (vgl. Griebel & Niesel, 2004; Grotz, 2005), kann sich in diesem Kontext sicherlich ebenfalls als günstig erweisen.

Ein Beispiel für ein international verbreitetes Programm zur Förderung der zuvor angesprochenen personalen, emotionalen und sozialen Kompetenzen von fünf- bis sieben-jährigen Kindern ist »*Zippy's Friends*«. In diesem Programm steht die Förderung der Entwicklung problemlösender Bewältigungsstrategien im Fokus, insbesondere was die Bewältigung alltäglicher Schwierigkeiten, das Identifizieren und Sprechen über Gefühle und den Umgang mit diesen anbelangt. Ebenso sollen die Kinder ermutigt werden, auch anderen Kindern zu helfen (vgl. http://www.partnershipforchildren.org.uk/ [13.11.2014]). Befunde verschiedener Evaluationsstudien verweisen auf förderliche Effekte des Programms, sowohl was die Entwicklung von individuellen Bewältigungsstrategien als auch die Reduktion von Mobbing und die Unterstützung eines positiven Klassenklimas anbelangt (vgl. u. a. Holen, Waaktaar, Lervag & Ystgaard, 2012). Das Programm wird bislang an Schulen in verschiedenen (europäischen) Ländern eingesetzt, z. B. in den Niederlanden, Norwegen oder Dänemark. Voraussetzung hierfür ist eine vorherige Schulung der Lehrkräfte.

Ein deutsches Programm zur Förderung emotionaler, personaler und sozialer Kompetenzen von Kindern ist das Projekt »*Starke*

Kinder haben einen starken Anfang« (Martschinke & Frank, 2012). Dieses umfasst für den Einsatz in der KiTa das bilderbuchbasierte Förderprogramm »Bertram Blaubach sucht sein Lachen«, in welchem z. B. der Umgang mit Gefühlen, das gegenseitige Helfen, der Umgang mit Streit und Regulationsmöglichkeiten bei Wut und Angst ebenso wie der bevorstehende Übergang in die Schule thematisiert werden. Das hierzu anschlussfähige Programm für den Einsatz in der Grundschule, »Eine starke Reise mit der Klasse«, hat ähnliche Förderziele. Ergebnisse der Evaluation zeigen, dass sich die Kinder der Projektgruppe, die an den Programmen teilgenommen haben, im Vergleich zu den Kindern der Kontrollgruppe insbesondere im emotionalen und personalen Bereich deutlich positiver entwickelten. Im Bereich sozialer Kompetenzen konnten ebenfalls positive Tendenzen, aber keine signifikanten Unterschiede festgestellt werden (vgl. Frank, Martschinke, Munser-Kiefer & Kopp, 2010). Die Befunde verweisen auch auf recht große Gruppenunterschiede, was nach Martschinke und Frank dadurch erklärt werden kann, »[...] dass es sehr wohl auch sehr stark auf die Qualität der Umsetzung der Fördermaßnahmen ankommt« (Martschinke & Frank, 2012, S. 170).

Als weitere Förderprogramme zur Stärkung personaler, emotionaler und sozialer Kompetenzen von Kindern, von denen Versionen für den vorschulischen und schulischen Bereich vorliegen, wären beispielsweise »Lubo aus dem All« (Hillenbrand, Hennemann & Heckler-Schell, 2009; Hillenbrand, Hennemann, Hens & Hövel, 2013) oder mit einem Schwerpunkt auf Gewaltprävention »Faustlos« (Cierpka, 2004a; Cierpka, 2004b) zu nennen (vgl. für eine Übersicht u. a. Frank & Martschinke, 2012).

Zusammengefasst zeigen die Ausführungen zu individuellen Schutzfaktoren einer erfolgreichen Übergangsbewältigung und insbesondere die zuletzt genannten Punkte zur Förderung personaler, emotionaler und sozialer Kompetenzen von Kindern deutlich, dass sich die Unterstützung der Entwicklung entsprechender Schutzfaktoren nicht nur auf kindbezogener Ebene, sondern auch auf interaktionaler Ebene als günstig erweisen kann, z. B. was die

Stärkung des sozialen Miteinanders und die Bewältigung von Konflikten und die Entwicklung eines positiven Klassenklimas anbelangt (vgl. Kapitel 3.2.2).

3.2.2 Schutzfaktoren auf interaktionaler Ebene

Interaktionale Schutzfaktoren einer erfolgreichen Übergangsbewältigung lassen sich sowohl für den Bereich der Familie als auch für das außerfamiliäre Umfeld von Kindern, z. B. in KiTa und Grundschule, identifizieren. Im Bereich der Familie zählen hierzu beispielsweise das Vorhandensein von *Modellen positiven Bewältigungsverhaltens*, ein gewisser *familiärer Zusammenhalt* sowie *stabile emotionale Beziehungen bzw. Bindungen* (vgl. Griebel & Niesel, 2004; Grotz, 2005). In Anlehnung an die Bindungstheorie nach Bowlby definieren Griebel und Niesel Bindung als ein »dauerhaftes emotionales Band zwischen zwei Individuen« (Griebel & Niesel, 2011, S. 60). Die primären Beziehungen von Kindern entwickeln sich bereits in den ersten Lebensmonaten. Frühe Bindungserfahrungen können hier u. a. die Entwicklung von Erfahrungen der Selbstwirksamkeit unterstützen, z. B. wenn die Mutter auf ein Lächeln des Kindes sofort positiv reagiert. Insgesamt weisen Befunde der Bindungsforschung darauf hin, dass eine sichere Bindung zu mindestens einer Bezugsperson eine wichtige Grundlage für die gesunde psychische Entwicklung eines Kindes darstellt (vgl. ebd.). Eine hohe Bindungsqualität scheint in diesem Kontext mit der Entwicklung des Selbstkonzepts bzw. Selbstwertgefühls von Kindern ebenso wie mit der Entwicklung sozialer und emotionaler Kompetenzen sowie der Fähigkeit zum Umgang mit kognitiven Anforderungen in wechselseitiger Beziehung zu stehen (vgl. Zellmer, 2008) und somit auch einen wichtigen Beitrag zur Ausbildung individueller Schutzfaktoren zu leisten (vgl. Kapitel 3.2.1). Die Bindungsqualität zeichnet sich dadurch aus, dass ein Kind, wenn es sich unsicher fühlt, durch den Kontakt zur gewählten Bezugs- bzw. Bindungsperson Sicherheit und Nähe erlangen kann (vgl. Griebel &Niesel, 2011). In von Belastungen und Stress geprägten Phasen, die vielfältige Herausforderungen an Kinder stellen, wie z. B. der Übergang von der KiTa in die Grundschule, können (erwachsene) Bezugspersonen somit als »sichere Basis« (ebd., S. 62) dienen, welche es dem Kind ermöglicht, »[...] nach verunsichernden oder ängstigenden Eindrücken sein inneres Gleichgewicht wiederherzustellen und die Erkundung der Umwelt zu beginnen oder fortzusetzen« (ebd., S. 62). Eine zuvor bereits angesprochene Studie von Grotz (2005) (vgl. Kapitel 3.1) konnte z. B. zeigen, dass u. a. die elterliche Unterstützung nach dem Übergang aus Sicht der Kinder bedeutsam war. Auf der anderen Seite weist Zellmer (2008) darauf hin, dass auch der Schulanfang Einfluss auf bestehende Beziehungen haben kann, z. B. zu den Eltern, wenn sich mit den neuen Herausforderungen auch das Verhalten und die Bedürfnisse der Kinder verändern, z. B. in Richtung einer größeren Selbstständigkeit und Unabhängigkeit von den Eltern.

Neben einer stabilen Bindung zu den Eltern kann auch der *Erziehungsstil* innerhalb der Familie als Schutzfaktor auf einer interaktionalen bzw. familiären Ebene wirken (vgl. Griebel & Niesel, 2004; Grotz, 2005). In diesem Kontext scheint insbesondere ein autoritativer Erziehungsstil für die Zufriedenheit der Kinder und die Qualität ihrer Beziehungen zu anderen Personen förderlich zu sein, zumindest bei Kindern der europäisch-amerikanischen Mittelschicht (vgl. Woolfolk, 2008). Dieser zeichnet sich in Abgrenzung zu einem autoritären (»wenig Wärme, starke Kontrolle«; ebd., S. 96), einem permissiven (»viel Wärme, wenig Kontrolle«; ebd., S. 96) oder einem ablehnenden, vernachlässigenden Erziehungsstil (»wenig Wärme, wenig Kontrolle«; ebd., S. 96) dadurch aus, dass die Eltern dem Kind auf der einen Seite viel Wärme entgegen bringen, bei Problemen für sie da sind und demokratische Entscheidungsfreiheit ermöglichen. Auf der anderen Seite werden aber auch klare Regeln und Grenzen aufgestellt und von den Kindern ein entsprechendes Verhalten erwartet (vgl. ebd.)

Auch außerhalb der Familie können, wie eingangs erwähnt, positive Beziehungen zu anderen Personen für Kinder als Schutzfaktoren für eine erfolgreiche Bewältigung des Übergangs von der KiTa in die Grundschule angesehen werden. Die Ausführungen zu Entwicklungsaufgaben für Kinder auf interaktionaler Ebene (vgl. Kapitel 2.1.2) sowie zu ihren Vorstellungen von Schule (vgl. Kapitel 2.2) haben bereits deutlich gemacht, wie wichtig Kindern *positive Beziehungen zu ihren Peers* für die Übergangsbewältigung sind. So besteht für einige Kinder scheinbar eine Sorge darin, in der Schule keine Freunde zu finden bzw. sich isoliert zu fühlen, während sich vorhandene (positive) Beziehungen zu anderen Kindern förderlich auf das Wohlbefinden auswirken können (vgl. Dockett & Perry, 2004; Reichmann, 2011; vgl. hierzu auch Miller & Velten, 2015). In diesem Sinne kann auch die *Anwesenheit vertrauter Kinder* in der neuen Klasse als ein Schutzfaktor angesehen werden, z. B. von Kindern, die in der gleichen Nachbarschaft wohnen oder zuvor die gleiche KiTa besucht haben. Zudem ist es in jahrgangsübergreifenden Klassen z. B. möglich, dass innerhalb einer Klasse Patensysteme eingerichtet werden und die Paten sich schon vor der Einschulung bei Besuchen der zukünftigen Schulanfänger in der Schule kennenlernen (vgl. u. a. Kapitel 6.1). Bezogen auf den gemeinsamen Schulbeginn von aus der KiTa miteinander bekannten Kindern, ergab eine Studie von Müller beispielsweise, dass »[...] Kinder, die mit mehreren anderen gemeinsam aus dem Kindergarten in die erste Klasse kommen, sich besser von den anderen Kindern akzeptiert fühlen und dass sie das Klima in ihrer Klasse positiver sehen als Kinder, die mit wenigen anderen oder allein in die Schule kommen« (Müller, 2014, S. 156). Ebenso zeigten sie in der Regel eine höhere Lernfreude sowie eine etwas positivere Schuleinstellung und Anstrengungsbereitschaft. Die Befunde einer weiteren Teilstudie des Projektes verdeutlichen im Kontext längsschnittlich angelegter Bewältigungsportraits einzelner Kinder bezogen auf einen Fall aber auch, dass bei mangelnder Integration in die Bezugsgruppe der gemeinsame Schulbeginn mit bekannten Kindern für einzelne Kinder auch einen risikoerhöhenden Faktor darstellen kann und dieser somit nicht in jedem Fall unterstützend wirkt (vgl. ebd.).

Hieran anknüpfend kann als ein weiterer Schutzfaktor einer erfolgreichen Übergangsbewältigung für Kinder auf Klassen- bzw. Gruppenebene ein positives *soziales Klima* genannt werden. In einem eng gefassten Verständnis ist hiermit das Ausmaß gemeint, »[...] in dem die Kinder der Klasse gemeinsam handeln, sich untereinander sympathisch sind und andere nicht auf Grund von Schwächen ausgrenzen« (Rauer & Schuck, 2004, S. 14). Befunde aus dem FiS-Projekt deuten darauf hin, dass die an der Studie teilnehmenden Kinder das soziale Klima sowohl im letzten halben Jahr vor Schulbeginn in ihrer KiTa-Gruppe als auch im Verlauf der ersten beiden Grundschuljahre in ihrer neuen Klasse durchschnittlich als sehr positiv wahrnehmen (vgl. Eckerth, Hanke & Hein, 2012). Kurz nach der Einschulung ist bezogen auf dieses ohnehin schon hohe Niveau sogar noch einmal ein kurzfristiger statistisch bedeutsamer Anstieg des empfundenen Klassenklimas festzustellen, was im Sinne des Transitionsansatzes für die Übergangsbewältigung in den ersten Schulwochen als förderlich anzusehen ist. Auf individueller Ebene sind allerdings auch innerhalb einer Klasse bzw. Gruppe z.T. deutliche Unterschiede zwischen Kindern zu erkennen (vgl. zu ähnlichen Tendenzen im Bereich des Selbstkonzepts der Schulfähigkeit Kapitel 3.2.1). So gibt es eine Gruppe von Kindern, die das Gruppenklima in der KiTa als weniger gut empfunden haben und deren Klimawahrnehmung mit Beginn des 1. Schuljahres sehr stark ansteigt und sich auf dem zuvor angesprochenen hohen Niveau einpendelt. Diese Gruppe von Kindern scheint vom Schulbeginn zu profitieren. Möglicherweise haben sich Konstellationen zu ihren Gunsten verändert. Die Befunde geben somit erneut Hinweis darauf, dass Diskontinuitäten auch eine Chance darstellen können (vgl. Kapitel 1.2). Für eine weitere Gruppe von Kindern lassen sich allerdings gegenteilige Tendenzen feststellen. Das von ihnen wahrgenommene soziale Klima sinkt nach einem Hoch Anfang des 1. Schuljahres deutlich ab (vgl. Eckerth, Hanke & Hein, 2012). Für diese Kinder scheint es besonders notwendig, nach möglichen Ursachen und Interventionsmöglichkeiten zu suchen, um das von ihnen wahrgenommene Klima, als ein Beitrag für ihr Wohlfühlen in der Schule, zu verbessern.

Steht beim zuvor skizzierten Verständnis vom Klassenklima vor allem die Schüler-Schüler-Beziehung im Fokus, schließt ein erweitertes Verständnis eines *lernförderlichen Klimas* auch weitere Aspekte mit ein. Neben gegenseitigem Respekt und einer von Fürsorge geprägten Interaktion unter den Kindern und zwischen den Lehrkräften und Kindern zählt hierzu auch, dass die einzelnen Gruppenmitglieder sich nicht nur für ihren eigenen Lernprozess, sondern auch für den der anderen verantwortlich fühlen. Als weitere Aspekte, die ein lernförderliches Klima unterstützen können, nennt Meyer z. B. das Einhalten von Regeln sowie »Gerechtigkeit des Lehrers gegenüber jedem Einzelnen und dem Lernverband insgesamt« (Meyer, 2014, S. 47). Helmke weist darüber hinaus auch auf die Bedeutung eines konstruktiven Umgangs mit Fehlern, einer insgesamt entspannten Lernatmosphäre, hiermit verbunden den Abbau von Leistungsangst und ein auf die Bedürfnisse der Klasse bzw. der Einzelnen angepasstes Unterrichtstempo hin (vgl. Helmke, 2012). Befunde der Unterrichtsqualitätsforschung verdeutlichen, dass ein lernförderliches Klima eher schwach mit den Schulleistungen von Kindern zusammenhängt. Es ergeben sich aber mehr oder weniger starke positive Effekte auf weitere, für eine erfolgreiche Übergangsbewältigung relevante Bereiche, wie dem zuvor schon angesprochenen Wohlfühlen und der Zufriedenheit der Kinder, der Entwicklung einer positiven Einstellung zur Schule und einer gewissen Leistungsbereitschaft sowie auf ein positives Sozialverhalten innerhalb der Klasse (vgl. ebd.; Meyer, 2014).

Die Ausführungen machen deutlich, dass das Vorhandensein interaktionaler Schutzfaktoren Kinder darin unterstützen kann, sich in ihrer neuen Umgebung wohl zu fühlen und als Basis für neue Erfahrungen Sicherheit und Halt zu erfahren.

Aus einer etwas anderen Perspektive heraus können hierzu auch *Gespräche und Interaktionen dienen, die das Ziel verfolgen, Kinder über den bevorstehenden Schuleintritt zu informieren* (vgl. Eckerth, Hanke & Hein, 2012). Diese können einen Beitrag dazu leisten, dass sich die Vorstellungen von Kindern über Schule konkretisieren und möglichen, ggf. unbegründeten Befürchtungen oder Sorgen präventiv begegnet wird (vgl. Kapitel 2.2). Befunde des FiS-Projektes weisen darauf hin, dass bereits ein halbes Jahr vor der Einschulung mit der überwiegenden Mehrheit der Projektkinder sowohl in der KiTa (ca. 68 %) als auch in der Familie (ca. 64 %) über Schule gesprochen wurde. Bezogen auf weitere Aktivitäten, wie das Vorlesen von Bilderbüchern zum Thema Schule, das Begehen des Schulweges oder auch Erzählungen über die eigene Schulzeit, zeigten sich z.T. große Unterschiede. So gehörten in einigen KiTas und Familien entsprechende Aktivitäten zum Alltag, in anderen Fällen wurden sie hingegen kaum oder gar nicht realisiert. Analysen geben allerdings Hinweise auf die mögliche Bedeutung solcher Maßnahmen für die Übergangsbewältigung. So ließen sich Tendenzen feststellen, dass Kinder, mit denen ein halbes Jahr vor der Einschulung häufiger Gespräche über Schule geführt oder Bücher zum Thema gelesen wurden, z. B. kurz vor der Einschulung etwas häufiger Freude auf Schule äußerten oder Schule spielten. Kinder, die vor der Einschulung häufiger Schule spielten, fühlten sich wiederum auch Mitte des 2. Schuljahres in ihrer Rolle als Schulkind wohler (vgl. Hein, Eckerth & Hanke, 2011). Neben den benannten Aspekten können z. B. auch Angebote zur Übergangsgestaltung dazu beitragen, Kinder über Schule zu informieren. Diese gehören zu kontextuellen Schutzfaktoren, auf die im folgenden Kapitel näher eingegangen wird.

3.2.3 Schutzfaktoren auf kontextueller bzw. institutioneller Ebene

Zu zentralen Schutzfaktoren einer erfolgreichen Übergangsbewältigung auf kontextueller Ebene wird u.a. der *sozioökonomische Status des Kindes und seiner Familie* gezählt (vgl. Griebel & Niesel, 2004). Befunde der IGLU-Studie verdeutlichen z.B., dass Schülerinnen und Schüler aus Familien mit geringerem sozioökonomischem Status geringere Leseleistungen erzielen, was in abgeschwächter Form auch für die Rechtschreibkompetenz zutrifft (vgl. Schrader, Helmke & Hosenfeld, 2008). Bezogen auf den sozioökonomischen Status der Familie erweist sich neben der Sozialschicht der Eltern beispielsweise auch die Anzahl an Büchern im Haushalt und der Bildungsabschluss der Eltern sowie der Migrationshintergrund als bedeutsam. Befunde der IGLU-Studie 2006 verweisen darauf, dass die Leistungen von Kindern mit Migrationshintergrund im Bereich des Lesens eine halbe Standardabweichung unter denen von Kindern ohne Migrationshintergrund liegen, wobei sich dieser Abstand nach Kontrolle der sozialen Herkunft wiederum halbiert (vgl. Schwippert, Hornberg, Freiberg & Stubbe, 2007). Hattie (2009) konnte auf der Basis einer Metaanalyse zeigen, dass auf familiärer Ebene neben der Sozialschicht der Familie auch das Engagement der Eltern bzw. ihr Interesse an Bildung und dem Schulerfolg ihrer Kinder sowie der Anregungsgehalt der familiären Lernumwelt zu den drei stärksten Vorhersagefaktoren für die Schulleistungen gezählt werden kann. Insgesamt verweisen die Befunde auf die Relevanz einer möglichst *frühen (vor-)schulischen Förderung insbesondere sozial benachteiligter Kinder*, die somit einen zentralen kontextuellen Schutzfaktor einer erfolgreichen Übergangsbewältigung darstellt.

Als weitere Maßnahmen wären *Angebote zur Übergangsgestaltung* zu nennen, die einen wesentlichen Bestandteil der Kooperation von KiTa und Grundschule darstellen (vgl. Kapitel 4.2) und primär die Funktion verfolgen, Kinder in einem »Vertraut-werden mit der Schule« (Kammermeyer, i.D.) zu unterstützen. Beispiele hierfür wären *Besuche von Grundschulkindern oder Grundschullehrkräften in der KiTa*. Diese können das Ziel verfolgen, dass KiTa-Kinder, z. B. durch Berichte der Besucher oder durch Möglichkeiten selbst Nachfragen zu stellen, Näheres über das Schulleben und den Unterricht in der Grundschule erfahren, um ihre Vorstellungen diesbezüglich zu konkretisieren (vgl. Knörzer, Grass & Schumacher, 2007). Wenn die Besucher aus der zukünftigen Grundschule und möglichst auch aus der zukünftigen Klasse der

KiTa-Kinder kommen, könnte dies auf interaktionaler Ebene dazu beitragen, dass erste Kontakte zu den neuen Bezugspersonen geknüpft werden können. Für Grundschullehrkräfte können Besuche in der KiTa den Vorteil bringen, dass sie Näheres über die pädagogische Arbeit vor Ort sowie die bestehenden räumlichen, zeitlichen und materiellen Gegebenheiten erfahren, was sich wiederum als hilfreich für die Gestaltung eines anschlussfähigen Anfangsunterrichts erweisen kann (vgl. Kapitel 1.3).

Besuche von KiTa-Kindern in der zukünftigen Grundschule, z. B. *in Form von ›Schnuppertagen‹ oder ›Schnupperstunden‹ oder ggf. auch im Rahmen eines ›Tags der offenen Tür‹,* können dem Ziel dienen, Kindern einen ersten Einblick in den Schul- bzw. Unterrichtsalltag zu geben, das Schulgebäude zu besichtigen und ggf. bereits ihre Klassenlehrerin bzw. ihren Klassenlehrer oder auch zukünftige Mitschülerinnen und Mitschüler, z. B. in jahrgangsübergreifenden Klassen, kennenzulernen. Knörzer, Grass und Schumacher (2007) empfehlen, dass die von den KiTa-Kindern besuchte Unterrichtsstunde »eine richtige Unterrichtsstunde [...], also keine reine Spielstunde« (ebd., S. 101) sein sollte, »[...] aber auch keine Stunde, in der die älteren Schüler den Kindergartenkindern »ein Programm« bieten« (ebd., S. 101), vielmehr sei es wichtig, dass die Kinder im Unterricht aktiv werden und z. B. in Partnerarbeit mit Grundschulkindern zusammenarbeiten können, um einen möglichst realitätsnahen Einblick zu erhalten. Entsprechende Erlebnisse können aus theoretischer Sicht dazu beitragen, die Vorstellungen und Erwartungen von KiTa-Kindern bezogen auf Schule allgemein und speziell bezogen auf die im Unterricht gestellten Anforderungen und charakteristischen Aktivitäten weiter zu konkretisieren (Entwicklungsaufgaben auf individueller und kontextueller Ebene) sowie mit dem Aufbau neuer Beziehungen zu Lehrkräften und Peers zu beginnen (Entwicklungsaufgabe auf interaktionaler Ebene). Ähnliche Möglichkeiten eröffnen auch *gemeinsame Aktionen, Feste oder Projekte,* die von kooperierenden KiTas und Grundschulen durchgeführt werden. Entsprechende Aktivitäten scheinen in den Einrichtungen allerdings weniger häu-

3.2 Schutzfaktoren für eine erfolgreiche Bewältigung des Übergangs

fig realisiert zu werden. So gaben in einigen nationalen Studien nur rund ein Drittel der pädagogischen Akteure an, mit KiTa und Grundschule gemeinsam Aktionen, Feste und Feiern durchzuführen (vgl. Eckerth, Hanke & Hein, 2012; Hanke, Merkelbach, Rathmer & Zensen, 2009), wenn teilweise der Anteil auch etwas höher lag (vgl. Hanke, Backhaus & Bogatz, 2013). Ähnliche Befunde ergeben sich auch für Besuche von Grundschulkindern in der KiTa (vgl. Hanke, Merkelbach, Rathmer & Zensen, 2009; Hanke, Backhaus & Bogatz, 2013; Wehner & Pohlmann-Rother, 2012). Rund die Hälfte der KiTa-Fachkräfte berichtet in verschiedenen Studien von einem Besuch einer Lehrkraft in der KiTa-Gruppe (vgl. Eckerth, Hanke & Hein, 2012; Hanke, Backhaus & Bogatz, 2013; Wehner & Pohlmann-Rother, 2012). Besuche von KiTa-Kindern in der Grundschule scheinen demgegenüber nahezu flächendeckend verbreitet zu sein (vgl. Eckerth, Hanke & Hein, 2012; Hanke, Backhaus & Bogatz, 2013; Hanke, Merkelbach, Rathmer & Zensen, 2009; Liebers & Kowalski, 2007; Niesel & Griebel, 2002; Wehner & Pohlmann-Rother, 2012). Auch in internationalen Studien, z. B. aus Island (vgl. Einarsdóttir, 2003) oder Finnland (vgl. Ahtola, 2011), gibt die überwiegende Mehrheit der befragten pädagogischen Akteure an, dass entsprechende Aktivitäten mit Kindern zum Kennenlernen der Schule umgesetzt werden. Der hohe Verbreitungsgrad entsprechender Besuche von KiTa-Kindern in der zukünftigen Schule hängt ggf. auch damit zusammen, dass solche Maßnahmen in der Regel von den befragten pädagogischen Akteuren als positiv (vgl. Einarsdóttir, 2003) und wichtig angesehen werden, im besonderen Maße von pädagogischen Akteuren aus der KiTa (vgl. Wehner & Pohlmann-Rother, 2012). Nach Einschätzung der befragten pädagogischen Akteure einer repräsentativen brandenburgischen Studie zählen Besuche von KiTa-Kindern in der Schule beispielsweise auch zu den Maßnahmen, die aus ihrer Sicht Kinder im Übergang am meisten stärken würden (vgl. Liebers & Kowalski, 2007).

Andere Befunde geben Hinweise darauf, dass einmalige Hospitationen von Vorschulkindern in der Institution Grundschule ggf.

wenig nachhaltig sind (vgl. Faust, 2012). So blieben in einer Studie von Hellmich die Vorstellungen der befragten Kinder von Schule, obwohl einige schon die Schule besucht hatten, in der Regel relativ rudimentär (vgl. Hellmich, 2007; vgl. Kapitel 2.2). Griebel und Niesel (2002) berichten von ähnlichen Ergebnissen und verweisen auf die Notwendigkeit, die Qualität solcher Maßnahmen genauer in den Blick zu nehmen, z. B. was die Vor- und Nachbereitung oder auch die konkrete Gestaltung und den aktiven Einbezug der KiTa-Kinder während entsprechender Besuche anbelangt. Befunde einer ethnographisch angelegten Studie von Blaschke (2012) machen z. B. auf große Unterschiede bezüglich der Moderation und Gestaltung solcher Schnupperstunden durch Lehrkräfte aufmerksam. Lehrkräfte eines ersten Typs stellten während der Besuchsstunden vor allem Unterschiede zwischen KiTa und Grundschule heraus und betonten die Regeln in der Schule, und dass mit dem Schulbeginn das »richtige Lernen« (ebd., S. 155) beginnen würde. Die Lehrkräfte vermittelten so den Eindruck vom »Übergang als Bruch« (ebd., S. 68), während die Lehrkräfte des zweiten Typs stärker Aspekte der Kontinuität hervorhoben und den KiTa-Kindern Gelegenheiten gaben, »praktisch zu erleben, was es bedeutet ein/e Schüler/in zu werden« (ebd., S. 104), was ggf. zu einer Konkretisierung der Vorstellungen vom schulischen Alltag beitragen könnte.

Reichmann (2011) betont in diesem Kontext die Chancen regelmäßiger Besuche von KiTa-Kindern in der Grundschule. Im Projekt »Schüler helfen Kindern« nahmen Vorschulkinder beispielsweise über zehn Wochen hinweg einmal wöchentlich für jeweils eine Schulstunde am Unterricht einer 2. Klasse in der Grundschule aktiv teil. Wesentliche Elemente des Projektes waren der Einsatz von Helfersystemen und die Realisierung altersgemischter, kooperativer Lernformen. Die Befragung der beteiligten Erzieherinnen, Lehrerinnen, Kinder sowie ihrer Eltern ergab u. a., dass bei einem Teil der Kinder vorher bestehende Ängste und Unsicherheiten mit Blick auf die Schule reduziert werden konnten. Für die Kinder war dabei vor allem der Kontakt zu den Grund-

3.2 Schutzfaktoren für eine erfolgreiche Bewältigung des Übergangs

schulkindern von großer Bedeutung, zu denen sie z.T. eine enge Bindung entwickelten (vgl. ebd.), was als ein wichtiger interaktionaler Schutzfaktor angesehen werden kann (vgl. Kapitel 3.2.2). Die Erzieherinnen berichteten zudem von einer konsequenteren Arbeitshaltung und größeren Ausdauer der Vorschulkinder bei der Bearbeitung von Aufgaben sowie von einer erhöhten Motivation und Vorfreude bezogen auf den Schuleintritt (vgl. Reichmann, 2011).

Das Modellprojekt KIGS (»Von der KiTa zur Grundschule«) in Bielefeld verfolgt ebenfalls das Ziel, Vorschulkinder nicht nur punktuell, sondern auch langfristig mit den Räumlichkeiten sowie den alltäglichen Abläufen und Strukturen an der Grundschule vertraut zu machen. In den beiden beteiligten Grundschulen ist jeweils eine ›normale‹ KiTa-Gruppe kontinuierlich räumlich verortet. Diese Gruppen werden vor allem von Kindern im letzten Kita-Jahr besucht und von den Erzieherinnen und Erziehern aus der KiTa auch weiterhin betreut. Zusätzlich stehen pro Woche fünf Stunden für Projekte mit einer Lehrkraft der Grundschule zur Verfügung. Die Begleitforschung (Projektlaufzeit: 2013–2016) hat u. a. die Aufgabe, die Wahrnehmung und Bewertung des Projektes aus Sicht der beteiligten Akteure zu untersuchen und Gestaltungsvarianten zu dokumentieren (http://www.uni-bielefeld.de/erziehungswissenschaft/ag3/forschung.html#kigs, http://www.bielefeld.de/ftp/dokumente/Broschuere_KIGS.pdf, Zugriff am 28.11.2014; Projektverantwortliche: Susanne Miller, Projektmitarbeiter/-innen u. a. Kapriel Meser und Katrin Velten; vgl. zu weiteren Projekten zur bildungsstufenübergreifenden Förderung von Kindern Kapitel 5.2, z. B. zum Kinderbildungshaus in Paderborn: vgl. Büker, Kordulla & Pollmann, 2011).

Neben entsprechenden Angeboten zur Übergangsgestaltung, die von KiTa und Grundschule durchgeführt werden, erscheinen auch *regelmäßige Maßnahmen zur Schulvorbereitung innerhalb der KiTa bzw. zu einer vorschulischen Förderung von Kindern im KiTa-Alltag* von Bedeutung (vgl. u. a. Griebel & Niesel, 2002). Diese können als ein weiterer möglicher Schutzfaktor auf kontextueller bzw. institutioneller Ebene angesehen werden, insbesondere vor dem Hintergrund, dass Forschungsbefunde auf die Relevanz einer möglichst frühen Förderung von Kindern verweisen (vgl. Kapitel 3.2.1). Im Sinne eines eigenständigen Bildungs-, Erziehungs- und Betreuungsauftrages der KiTa zählt hierzu u. a. eine *situationsorientierte, alltagsintegrierte und ganzheitliche vorschulische Förderung* von Kindern (vgl. u. a. Kammermeyer, 2001; Smidt, 2013; Kratzmann, 2012; vgl. für einen Überblick über verschiedene konzeptuelle Möglichkeiten der Förderung in der KiTa u. a. Kluczniok, Roßbach & Große, 2010). Im »Gemeinsame[n] Rahmen der Länder für die frühe Bildung in Kindertageseinrichtungen« der Jugendminister- und Kultusministerkonferenz, welcher als wesentliche Grundlage für die Entwicklung der Bildungs- und Erziehungspläne für den vorschulischen Bereich in den verschiedenen Bundesländern angesehen werden kann (vgl. Smidt, 2013), werden sechs Bildungsbereiche genannt, in denen eine Förderung von Kindern in der KiTa empfohlen wird. Neben einer Förderung in den Bereichen »Personale und soziale Entwicklung, Werteerziehung, religiöse Erziehung« und »Körper, Bewegung, Gesundheit« zählen hierzu auch die Bereiche »Musische Bildung, Umgang mit Medien«, »Natur, kulturelle Umwelten«, »Mathematik, Naturwissenschaft, (Informations-)Technik« und »Sprache, Schrift, Kommunikation« (JMK & KMK, 2004a, S. 4ff.).

Ergebnisse einer Teilstudie des BIKS-Projektes deuten u. a. darauf hin, dass ein Förderschwerpunkt in den ersten drei KiTa-Jahren im Bereich kindlichen Sozialverhaltens zu liegen scheint. Des Weiteren konnte eine relativ intensive Beschäftigung der Kinder mit den Bereichen »musische Bildung« und »Körper, Bewegung, Gesundheit« festgestellt werden ebenso wie ein relativ hoher zeitlicher Anteil an Aktivitäten, welche der Förderung mündlichen Sprachhandelns zugeordnet werden können. Im Gegensatz hierzu spielt in den beteiligten Einrichtungen »[...] die Förderung von (Vorläufer-)Formen des Lesens und Schreibens im ersten, zweiten und dritten Kindergartenjahr eine untergeordnete Rolle« (Smidt, 2013, S. 75). Ähnliches gilt für Aktivitäten im naturwissenschaftli-

3.2 Schutzfaktoren für eine erfolgreiche Bewältigung des Übergangs

chen und mathematischen Bereich und somit insgesamt für die Förderung von Fähigkeiten, die wichtige lernbereichsspezifische Lernvoraussetzungen für die weitere Entwicklung von Kindern darstellen. Bezogen auf die Förderung schriftsprachlicher und mathematischer Vorläuferkompetenzen konnte in der Studie zudem eine durchschnittlich relativ gering ausgeprägte pädagogische Qualität festgestellt werden (vgl. ebd., S. 77f.). Bislang unveröffentlichte Befunde des FiS-Projektes deuten in diesem Zusammenhang ebenfalls auf große Qualitätsunterschiede der pädagogischen Arbeit zwischen einzelnen KiTa-Gruppen hin. Eine Ausnahme bildet die Qualität der pädagogischen Arbeit im Bereich des Vorlesens bzw. des Vorhandenseins von Büchern, welche in der überwiegenden Mehrheit der Einrichtungen recht hoch ausgeprägt war. Darüber hinaus konnte allerdings, ähnlich wie in BIKS, in einigen Einrichtungen eine eher minimale bis unzureichende Qualität festgestellt werden, z. B. bezüglich der Förderung von Kindern im (schrift-)sprachlichen und mathematischen Bereich, während sich die pädagogische Arbeit in anderen KiTa-Gruppen durch eine gute bis ausgezeichnete Qualität charakterisieren ließ. Dies erscheint u. a. vor dem Hintergrund relevant, dass die Befunde einer Studie, die u. a. von Tietze durchgeführt wurde, darauf verweisen, dass auf Qualitätsdifferenzen zwischen verschiedenen KiTas »[...] im Extremfall ein Entwicklungsunterschied von bis zu einem Jahr bei viereinhalbjährigen Kindern« (Tietze, 2004, S. 150) zurückgeführt werden konnte (vgl. für einen Forschungsüberblick zur »Wirksamkeit schulrelevanter Förderung in Kindertagesstätten« auch Hasselhorn & Kuger, 2014). Auf Möglichkeiten einer ausgeprägten situationsorientierten und alltagsintegrierten (schulvorbereitenden) Förderung von Kindern verweist u. a. Kratzmann anhand der Falldarstellung einer Kindertageseinrichtung (vgl. Kratzmann, 2013; weitere Beispiele finden sich u. a. in Hanke, Backhaus, Bogatz & Tahan, i.V.). Neben vielen weiteren Aktivitäten werden zur mathematischen Förderung beispielsweise im Morgenkreis die anwesenden Kinder gezählt und das aktuelle Datum bzw. der Wochentag thematisiert oder auch in einem von den Kindern mitgestalteten Kaufladen Rollenspiele zu mathematischen Alltagsaktivitäten, wie dem Einkaufen, ermöglicht. Als Beispiele für die alltagsintegrierte (schrift-)sprachliche Förderung von Kindern wären u. a. der tägliche Umgang mit Büchern, der Einsatz von Spielen zur Förderung von Sprachkompetenz und phonologischer Bewusstheit, z. B. Abzählverse und Reime, oder auch die Anreicherung der Lernumgebung mit Schrift, Symbolen und Sprache zu nennen, z. B. durch die von den Kindern selbst vorgenommene Beschriftung von Materialien, Kisten, Garderobenhaken etc. oder auch durch die freie Verfügbarkeit von unterschiedlichen Schreibmaterialien, Stempeln etc.

Insbesondere zur Förderung (schrift-)sprachlicher und mathematischer Fähigkeiten liegen für den vorschulischen Bereich mittlerweile auch einige *Trainingsprogramme* vor, im Rahmen derer durch die systematische Umsetzung verschiedener, z.T. aufeinander aufbauender Einheiten gezielt die Entwicklung bereichsspezifischer Kompetenzen von Kindern angeregt und unterstützt werden soll (vgl. für einen Überblick Kluczniok, Roßbach & Große, 2010). Bislang ist die Evaluation entsprechender Programme allerdings recht selten, sodass über ihre Wirksamkeit zumeist noch wenig ausgesagt werden kann (vgl. ebd.). Zwei Beispiele für Trainings, zu denen positive Evaluationsergebnisse vorliegen, insbesondere für Kinder mit geringen Lernvoraussetzungen, sind das Programm »Hören, lauschen, lernen« zur Förderung phonologischer Bewusstheit (vgl. Küspert & Schneider, 2006) und das Programm »Mengen, Zählen, Zahlen« zur Förderung früher mathematischer Kompetenzen (vgl. Krajewski, Grüßing & Peter-Koop, 2009). Allerdings beziehen sich entsprechende Trainingsprogramme in der Regel nur auf die Förderung von Kindern im letzten KiTa-Jahr (vgl. Kluczniok, Roßbach & Große, 2010) und sind auch darüber hinaus eher als Ergänzung z. B. zu einer zuvor thematisierten alltagsintegrierten Förderung zu sehen.

Dies gilt auch für die Arbeit in *Vorschulgruppen*, die aktuell relativ verbreitet zu sein scheint. So besuchten im Kontext des FiS-

Projektes alle (vgl. Hanke & Hein, 2010) und im Kontext des BIKS-Projektes fast alle Vorschulkinder (vgl. Wehner & Pohlmann-Rother, 2012) regelmäßig Vorschulgruppen für Kinder im letzten KiTa-Jahr. Rund drei Viertel der BIKS-Kinder arbeitete zudem mit einer Vorschulmappe, während die Teilnahme an spezifischen Programmen zur mathematischen oder schriftsprachlichen Förderung etwas geringer war (vgl. ebd.). Bezogen auf die konkrete Gestaltung und Qualität der pädagogischen Arbeit in Vorschulgruppen und deren Wirksamkeit besteht allerdings noch großer Forschungsbedarf (vgl. für Befunde mit einem etwas anderen Fokus, nämlich zu Unterschieden zwischen den Kompetenzständen, der Einbindung in die Bezugsgruppe und der Lerneinstellung von Kinder, die eine an einer Grundschule integrierte Vorschule besucht oder eine entsprechende Einrichtung nicht besucht haben, beispielsweise Müller, 2014). Aus theoretischer Sicht kann die Zugehörigkeit zu einer Vorschulgruppe Kindern auf individueller Ebene dazu dienen, sich bereits mit ihrem zukünftigen Status als Schulkind auseinanderzusetzen und ggf. auch Stolz zu erfahren, nun zu den ›Großen‹ zu gehören (vgl. Kapitel 2.1.1). Ebenfalls ist es denkbar, dass die pädagogische Arbeit in den Vorschulgruppen der gezielten Förderung lernbereichsspezifischer und -übergreifender Kompetenzen von Kindern dient, z. B. im (schrift-)sprachlichen, mathematischen, allgemein kognitiven, (fein-)motorischen, sozialen oder arbeitsorganisatorischen Bereich, und somit einen Beitrag zur individuellen Stärkung von Kindern für die Übergangsbewältigung leisten kann (vgl. Kapitel 3.2.1). Darüber hinaus kann eine Vorschulgruppe auf interaktionaler Ebene das Ziel verfolgen, dass die zukünftigen Schulkinder sich besser untereinander kennenlernen, insbesondere wenn sie in die gleiche Schule bzw. Klasse wechseln werden (vgl. Kratzmann, 2012). Ebenso ist die Durchführung von Projekten und Aktionen denkbar, welche z. B. dem Erkunden des Lebensumfeldes der Kinder dienen wie ein Besuch im örtlichen Supermarkt oder bei der Feuerwehr etc. Zudem können ganz spezifische, schulvorbereitende und über Schule informierende Aktivitäten umgesetzt werden wie z. B. Gespräche über Schule, das Basteln einer Schultüte, Besuche in der zukünftigen Schule oder Ähnliches (vgl. ebd.). Dies bietet wiederum viele Möglichkeiten der Kooperation mit der Grundschule.

4

Kinder stärken im Übergang durch eine Kooperation von Familie, KiTa und Grundschule

Wie zuvor bereits angeklungen ist, stellt eine Kooperation zwischen KiTa, Grundschule und Familie eine wichtige Grundlage dar, um Maßnahmen zu realisieren, welche Kinder bei der erfolgreichen Bewältigung des Übergangs von der KiTa in die Grundschule unterstützen können (vgl. Kapitel 3.2). Auch auf anderen Ebenen kann eine Kooperation der genannten Akteure zur Gestaltung eines anschlussfähigen Übergangs beitragen (vgl. Kapitel 1.3). Daher wird in diesem Kapitel die Kooperation zwischen KiTa, Grundschule und Familie in den Fokus gerückt und eine Systematisierung vorgenommen. Hierzu findet zunächst kurz eine zusammenfassende Auseinandersetzung mit möglichen Zielstellungen und Potenzialen einer Kooperation im Übergang statt. Ebenso werden grundlegende Merkmale bzw. Bedingungen und Niveaus der Kooperation erörtert (vgl. Kapitel 4.1). Anschließend werden mögliche Kooperationsformen zwischen KiTa, Grundschule und Familie thematisiert und Befunde zu ihrer Umsetzung berichtet (vgl. Kapitel 4.2).

4.1 Zentrale Zielstellungen und Merkmale einer Kooperation von Familie, KiTa und Grundschule

Die Ziele und Potenziale einer Kooperation von KiTa, Grundschule und Familie für die Gestaltung und Bewältigung des Übergangs werden an verschiedenen Stellen des Bandes deutlich. Im Kapitel zuvor wurde herausgestellt, dass verschiedene Kooperationsaktivitäten sowohl auf individueller (z. B. als Grundlage für eine individuell anschlussfähige Förderung) und interaktionaler (z. B. im Rahmen der Information von Kindern oder durch die Anwesenheit bekannter Personen) als auch auf kontextueller Ebene (z. B. im Zusammenhang mit Angeboten zur Übergangsgestaltung) Kinder für den Übergang stärken können (vgl. Kapitel 3.2). Die Kooperation von KiTa, Grundschule und Familie stellt somit einen wichtigen Schutzfaktor einer erfolgreichen Übergangsbewältigung für Kinder (und Eltern) dar. Ebenso kann eine Kooperation aus systemischer Sicht auf unterschiedliche Weise zur Gestaltung eines anschlussfähigen Übergangs vom Elementar- zum Primarbereich beitragen (vgl. Kapitel 1.3). Dies betrifft u. a. die Ebene der Professionalisierung der beteiligen pädagogischen Akteure, was z. B. Einblicke in die Prinzipien und die pädagogische Arbeit der

4.1 Zentrale Zielstellungen und Merkmale einer Kooperation

jeweils anderen Institution, die Entwicklung eines gemeinsamen Bildungs- und Erziehungsverständnisses oder auch die gemeinsame Qualifizierung anbelangt. Eng hiermit verknüpft bildet eine Kooperation von Akteuren aus KiTa und Grundschule auf handlungspraktischer Ebene eine wesentliche Basis dafür, die pädagogische Arbeit in den verschiedenen Institutionen stärker aufeinander beziehen, hierbei Aspekte einer curricularen bzw. inhaltlichen und methodisch-didaktischen Anschlussfähigkeit zu berücksichtigen und auf diese Weise zu einer individuell anschlussfähigen Förderung von Kindern beitragen zu können. Über die genannten Gründe hinaus besteht für Einrichtungen häufig auch eine gesetzliche Verpflichtung zur Kooperation (z. B. in Bayern, Brandenburg, Niedersachen, Nordrhein-Westfalen, Rheinland-Pfalz und Sachsen). Hintergrund hierfür sind u. a. Beschlüsse der Jugendminister- und Kultusministerkonferenz zur stärkeren Zusammenarbeit von Jugendhilfe und Schule (vgl. JMK & KMK, 2004b) oder auch eine Verankerung von Kooperationsaktivitäten im SGB VIII §22a (vgl. Seckinger, 2010; Strätz, 2010).

Als Basis für die Auseinandersetzung mit Möglichkeiten der Umsetzung von Kooperation in der pädagogischen Praxis interessiert zunächst, was unter dem Begriff ›Kooperation‹ zu verstehen ist. Mit ›Kooperation‹ ist die Zusammenarbeit zwischen Personen, Gruppen oder Institutionen gemeint, die sich durch verschiedene Kernbedingungen charakterisieren lässt. Eine Kernbedingung besteht darin, dass die Kooperationspartner *gemeinsame Ziele und Aufgaben* verfolgen und hierbei in positiver Abhängigkeit zueinander stehen, d. h. »[d]ie Zielerreichung eines Individuums muss die Zielerreichung der anderen unterstützen und umgekehrt« (Gräsel, Fußangel & Pröbstel, 2006, S. 206). Die *wechselseitige Interaktion* der beteiligten Personen im Kooperationsprozess sollte hierbei möglichst gleichgerichtet sein und einen gleichsinnigen Austausch untereinander ermöglichen (vgl. Spieß, 2004). Ebenso wird ein *gegenseitiges Vertrauen* der Kooperationspartner als eine Kernbedingung angesehen, insbesondere im Kontext einer engen Zusammenarbeit (vgl. Gräsel, Fußangel & Pröbstel, 2006; Hanke, Backhaus &

Bogatz, 2013). Darüber hinaus erscheint es bedeutsam, dass die beteiligten Personen auch weiterhin einen gewissen *Grad an Autonomie* beibehalten (vgl. Spieß, 2004), wobei sich ein zu hoher Grad an Autonomie ungünstig auf eine ›echte‹ Zusammenarbeit auswirken kann, ein zu geringer Grad allerdings ggf. negative Folgen, z. B. für die Motivation, hat (vgl. Gräsel, Fußangel & Pröbstel, 2006; Hanke, Backhaus & Bogatz, 2013).

Unter Berücksichtigung des jeweiligen Grads der Autonomie der Kooperationspartner bzw. der Intensität ihrer Zusammenarbeit bei der Bearbeitung gemeinsamer Ziele und Aufgaben lassen sich in Anlehnung an Gräsel, Fußangel und Pröbstel (2006) schließlich drei verschiedene Niveaus der Kooperation unterscheiden, die alle in unterschiedlichen Kontexten ihre Bedeutung und Berechtigung haben. Im Rahmen des Niveaus *Austausch* ist die Autonomie der einzelnen Kooperationspartner etwa relativ hoch, die gegenseitige Abhängigkeit im Rahmen einer gemeinsamen Zielverfolgung allerdings relativ gering ausgeprägt. Als Beispiele wären die gegenseitige Information über berufliche Inhalte (z. B. die pädagogischen Konzepte der Einrichtungen), Termine (z. B. der Schulanmeldung oder Elternabende) oder auch über die Lernvoraussetzungen einzelner Kinder zu nennen, ebenso wie ein Austausch von Materialien (z. B. zur Diagnose oder Förderung). Das Niveau der *Arbeitsteilung* zeichnet sich dadurch aus, dass gewisse Aufgaben zur Erreichung einer gemeinsamen Zielsetzung unter den Kooperationspartnern aufgeteilt werden, die dann von ihnen relativ autonom umgesetzt und später zusammengeführt werden (vgl. Gräsel, Fußangel & Pröbstel, 2006). Denkbar wäre es beispielsweise, dass pädagogische Akteure aus KiTa und Grundschule unter Aufteilung der notwendigen Arbeiten (z. B. Erstellung von Teilen einer Gesamtpräsentation) einen gemeinsamen Elternabend vorbereiten (vgl. Hanke, Backhaus & Bogatz, 2013) oder in Arbeitsteilung eine Lernwerkstatt einrichten, die von Kindern und pädagogischen Akteuren beider Institutionen genutzt werden kann (vgl. Kapitel 5.2). Im Vergleich hierzu zeichnen sich Kooperationsaktivitäten auf dem Niveau der *Kokonstruktion* dadurch aus, dass die beteiligten Personen intensiv gemeinsam an einer Aufgabe arbeiten, auch was die zeitlichen und räumlichen Gegebenheiten anbelangt. Ziel ist es hier, zusammen Wissen anzueignen bzw. gemeinsam zu einer Aufgaben- bzw. Problemlösung zu gelangen (vgl. Gräsel, Fußangel & Pröbstel, 2006; Hanke, Backhaus & Bogatz, 2013). Bezogen auf die Kooperation von KiTa und Grundschule könnte eine kokonstruktive Zusammenarbeit beispielsweise in der Form realisiert werden, dass bei Arbeitstreffen gemeinsam ein Kooperationskonzept entworfen, ein Elternabend konzipiert, eine Lernwerkstatt eingerichtet oder Lerngelegenheiten zur Förderung von Kindern entwickelt werden (vgl. Kapitel 5.2). Verschiedene Formen der Kooperation (vgl. Kapitel 4.2) können auf unterschiedlichem Niveau umgesetzt werden, was die angeführten Beispiele zur Gestaltung von Elternabenden exemplarisch gezeigt haben (vgl. zu dem Beispiel Hanke, Backhaus & Bogatz, 2013). Forschungsbefunde zur Zusammenarbeit zwischen pädagogischen Akteuren aus KiTa und Grundschule verweisen darauf, dass vor allem Kooperationsformen auf einem Niveau des wechselseitigen Austausches Verbreitung finden, während eine Kooperation auf dem Niveau der Arbeitsteilung oder Kokonstruktion weitaus seltener realisiert wird (vgl. Hanke, Backhaus & Bogatz, 2013; Hanke & Hein, 2010; Hanke, Merkelbach, Rathmer & Zensen, 2009).

4.2 Ausgewählte Formen der Kooperation von KiTa, Grundschule und Familie

Kooperationsaktivitäten zwischen KiTa, Grundschule und Familie lassen sich, wie in Kapitel 4.1 dargestellt, u. a. bezogen auf das praktizierte Niveau kategorisieren. Zudem bietet es sich an, in Anlehnung an ein Mehrperspektivenmodell von Lingenauber (2008), eine Systematisierung unter Berücksichtigung der *am Kooperationsprozess beteiligten Akteursgruppen* vorzunehmen (pädagogische Akteure, Eltern und Kinder). In diesem Kontext sind sowohl Kooperationsformen denkbar, die sich primär auf eine Akteursgruppe beziehen, als auch akteursgruppenübergreifende Aktivitäten. Ebenso lassen sich inhaltlich Kooperationsformen unterscheiden, im Rahmen derer entweder primär das *Vertraut-werden mit Schule bzw. der jeweils anderen Institution* oder aus *entwicklungsbezogener Perspektive* stärker die Unterstützung der Bildungs- und Lernprozesse von Kindern im Fokus steht (vgl. Kammermeyer, i. D.; vgl. im Folgenden auch Hanke, Backhaus & Bogatz, 2013; Liebers & Kowalski, 2007; Faust, Wehner & Kratzmann, 2013).

Kooperationsformen, die *auf der Ebene der pädagogischen Akteure aus KiTa und Grundschule* realisiert werden, wären mit Blick auf das Vertraut-werden mit der jeweils anderen Institution z. B. gegenseitige Hospitationen, ein Austausch über pädagogische Konzepte oder auch die Teilnahme an gemeinsamen Fort- und Weiterbildungsmaßnahmen. Aktivitäten dieser Art können als Grundlage dafür dienen, Kinder im Übergang möglichst anschlussfähig zu fördern (vgl. Kapitel 1.3; siehe unten). Weitere, primär entwicklungsbezogen ausgerichtete Kooperationsformen zwischen pädagogischen Akteuren sind in diesem Zusammenhang z. B. ein Austausch über Kinder oder die Weitergabe von Bildungsdokumentationen (bei Einverständnis der Eltern).

Beispiele für Kooperationsformen, in denen *Interaktionen zwischen KiTa- und Grundschulkindern* im Vordergrund stehen, wären Patensysteme oder Projekte, die ein gemeinsames Lernen von Kindern aus beiden Institutionen anregen (vgl. Kapitel 5.2). Solche Situationen gemeinsamen Lernens können Kindern auf der einen Seite vielfältige Impulse und Anregungen für ihre lernbereichsspezifische und -übergreifende (Weiter-)Entwicklung bieten. Auf der anderen Seite können sie Kinder, im Sinne eines Vertraut-werdens mit Schule, darin unterstützen, das Schulleben und Personen aus ihrem zukünftigen Umfeld kennenzulernen, wichtige Schutzfaktoren im Übergang (vgl. Kapitel 3.2.1 und Kapitel 3.2.2).

4.2 Ausgewählte Formen der Kooperation von KiTa, Grundschule und Familie

Angebote zur Übergangsgestaltung wie Besuche von Grundschullehrkräften in der KiTa oder von KiTa-Kindern in der Schule (vgl. Kapitel 3.2.3) verfolgen ein ähnliches Ziel, sind aber stärker noch sowohl auf der *Ebene von pädagogischen Akteuren aus KiTa und Grundschule* als auch auf der *Ebene der Kinder* verortet. Beispiele wären in diesem Kontext Hospitationen in der jeweils anderen Institution, um Kinder zu beobachten, weitere gemeinsame Diagnoseaktivitäten oder auch die gemeinsame Planung und Umsetzung von Fördermaßnahmen (vgl. Kapitel 5.2), um Kinder auf diese Weise im Übergang in ihrer Entwicklung zu begleiten. Beispiele für entsprechende Aktivitäten zwischen *Eltern und Kindern* wären Gespräche über Schule oder das gemeinsame Betrachten der Bildungsdokumentation (vgl. Kammermeyer, i.D.).

Allerdings bedürfen auch die Eltern selbst einer Unterstützung bei der Bewältigung des Übergangs von der KiTa in die Grundschule, da sie hierbei, wie ihre Kinder, mit unterschiedlichen Entwicklungsaufgaben konfrontiert werden (vgl. Hiebl & Niesel, 2012; vgl. Kapitel 1.2 und Kapitel 2). Kooperationsformen, welche das Ziel verfolgen, Eltern zu informieren, zu beraten und zu begleiten, können sich zum einen allein auf die *Ebene von Eltern* beziehen, z. B. Treffen zwischen Eltern von KiTa- und Grundschulkindern. Darüber hinaus erscheinen auch Kooperationsformen zwischen *Eltern und pädagogischen Akteuren* aus KiTa und/oder Grundschule relevant wie z. B. Elternabende, Elternbriefe oder auch eine regelmäßige Elternberatung, z. B. zur Entwicklung des Kindes (vgl. Hiebel & Niesel, 2012). Im Sinne einer entwicklungsbezogenen Ausrichtung der Kooperation ist es denkbar, dass Eltern in die Durchführung von (institutionenübergreifenden) Projekten oder auch in die alltägliche pädagogische Arbeit in KiTa und Grundschule einbezogen werden, z. B. als Experten für ein Thema oder als Lesepaten (vgl. ebd.). Entsprechende Kooperationsformen würden somit *alle Akteursgruppen* berücksichtigen, neben den pädagogischen Akteuren aus Kita und Grundschule sowie Eltern auch die Kinder.

Befunde verweisen bezogen auf die *Zusammenarbeit zwischen KiTa, Grundschule und Elternhaus* darauf, dass vor allem Aktivitäten von der einen oder der anderen Institution angeboten werden. In der KiTa scheinen vor Schulbeginn vor allem Beratungsgespräche zur Entwicklung der Kinder verbreitet zu sein, in der Schule vor allem Angebote zur Information über die Einschulung (vgl. Hanke & Hein, 2010). Von gemeinsamen Elternabenden berichtet eher die Hälfte der Befragten (vgl. Hanke, Backhaus & Bogatz, 2013; Faust, Wehner & Kratzmann, 2013; Liebers & Kowalski, 2007), z.T. auch deutlich weniger (vgl. Hanke & Hein, 2010). Ähnliches gilt für die gemeinsame Beratung von Eltern durch pädagogische Akteure aus KiTa und Grundschule (vgl. Hanke, Backhaus & Bogatz, 2013; Hanke & Hein, 2010; Faust, Wehner & Kratzmann, 2013).

Bezogen auf *Kooperationsformen unter Einbezug von pädagogischen Akteuren und Kindern* weisen Forschungsergebnisse darauf hin, dass in der pädagogischen Praxis vor allem Aktivitäten Verbreitung finden, die dem Vertrautwerden von Kindern mit Schule dienen, im Sinne von Angeboten zur Übergangsgestaltung wie z. B. Besuche von KiTa-Kindern in ihrer zukünftigen Grundschule (vgl. Kapitel 3.2.3). Kooperationsformen, die mit Blick auf die Unterstützung von Kindern stärker entwicklungsbezogen ausgerichtet sind, scheinen demgegenüber weniger häufig zur Anwendung zu kommen (vgl. Kammermeyer, i.D.). Als relativ weit verbreitet erweist sich ein Austausch über Kinder, der in verschiedenen Studien von der überwiegenden Mehrheit der pädagogischen Akteure als Kooperationsaktivität angegeben wird (vgl. Eckerth, Hanke & Hein, 2012; Seckinger, 2010). Eine Weitergabe von Bildungsdokumentationen wird im Vergleich hierzu z. B. deutlich weniger häufig realisiert (vgl. Eckerth, Hanke & Hein, 2012; Hanke, Backhaus, Bogatz, 2013). Eine gemeinsame Arbeit an Bildungsdokumentationen findet noch seltener statt ebenso wie eine gemeinsame Förderplanung oder auch eine Mitarbeit von pädagogischen Akteuren in der jeweils anderen Institution (vgl. ebd.; Liebers & Kowalski, 2007). Dass von einigen Akteuren entsprechende Kooperationsformen durchaus realisiert werden und von anderen wiederum nicht, weist auf eine relativ große Heterogenität der Kooperationsaktivitäten hin.

4.2 Ausgewählte Formen der Kooperation von KiTa, Grundschule und Familie

Dies gilt auch für Befunde zur Umsetzung von Aktivitäten, die sich primär auf die Ebene der *pädagogischen Akteure aus KiTa und Grundschule* beziehen. Von einem fachlichen bzw. inhaltlichen Austausch, z. B. über Konzepte, berichtet in verschiedenen Studien knapp über die Hälfte der Befragten; Grundschullehrkräfte noch etwas häufiger als KiTa-Fachkräfte (vgl. Faust, Wehner & Kratzmann, 2013; Liebers & Kowalski, 2007). Eine gemeinsame ko-konstruktive Arbeit an Konzepten wird seltener betrieben (vgl. Hanke, Backhaus & Bogatz, 2013). Gemeinsame Fortbildungen sind ebenfalls eher weniger verbreitet, erneut aus Grundschul-Sicht etwas häufiger als aus KiTa-Sicht (vgl. ebd.; Hanke & Hein, 2010; Faust, Wehner & Kratzmann, 2013; Seckinger, 2010). Differenzen zwischen den Angaben von pädagogischen Akteuren aus KiTa und Grundschule lassen sich sicher auch darauf zurückführen, dass eine Grundschule zumeist mit mehreren KiTas kooperiert, im Durchschnitt mit ca. vier bis fünf Einrichtungen (vgl. Hanke, Backhaus & Bogatz, 2013; Liebers & Kowalski, 2007).

Dies kann auch mit zu zentralen organisatorischen *Gründen* gezählt werden, *die möglicherweise eine intensive Kooperation beeinträchtigen* (vgl. Kammermeyer, i.D.). Darüber hinaus könnte es sich aus systemischer Sicht als erschwerend erweisen, dass die KiTa dem Jugendhilfesystem und die Grundschule dem Schulsystem zugeordnet ist und sich somit sowohl strukturelle Bedingungen als auch die rechtlichen Grundlagen für beide Institutionen durchaus unterscheiden. Auch bezogen auf die Qualifikation und berufliche Sozialisation der pädagogischen Akteure bestehen große Unterschiede, die sich auf eine Kooperation auswirken könnten (vgl. ebd.). Auf der Basis von Befragungen pädagogischer Akteure können als *förderliche Bedingungen für das Gelingen von Kooperation* u. a. eine gegenseitige Anerkennung und Wertschätzung, eine gewisse personelle Kontinuität der Ansprechpartnerinnen und Ansprechpartner, ein rechtzeitiger und ausreichender Informationsaustausch, eine gewisse Transparenz im Kommunikationsprozess und ausreichend zeitliche Ressourcen und Strukturen, um die vorhandene Zeit auch effektiv nutzen zu können, angesehen werden (vgl. Hanke, Merkelbach, Rathmer & Zensen, 2009; Höke, 2013). Dass eine Kooperation zwischen KiTa und Grundschule sich lohnen kann, darauf verweisen Forschungsbefunde zur *Wirksamkeit verschiedener Kooperationsmaßnahmen*. So ist im Rahmen des Projektes WirKt die überwiegende Mehrheit der Eltern der Auffassung, dass ihre Kinder die Zusammenarbeit beider Institutionen als positives Erlebnis wahrnehmen, ihre Kinder auf diese Weise gut auf den Wechsel vorbereitet und in der Übergangsbewältigung unterstützt werden (vgl. Hanke, Backhaus & Bogatz, 2013). Auch im Modellprojekt »Bildungshaus 3–10« sehen die befragten Eltern die Kooperation zwischen KiTa und Grundschule als wichtigen Einflussfaktor einer erfolgreichen Übergangsbewältigung durch ihre Kinder an (vgl. Sturmhöfel, 2012). Aus Sicht der in einer brandenburgischen Studie befragten KiTa- und Grundschulleitungen tragen vor allem Angebote zur Übergangsgestaltung wie Besuchstage in der Schule, aber auch ein professioneller Austausch der pädagogischen Akteure, z. B. über Konzepte, zur Stärkung von Kindern im Übergang bei (vgl. Liebers & Kowalski, 2007). Auch die Befunde einer amerikanischen Studie von LoCasale-Crouch, Mashburn, Downer und Pianta (2008) geben Hinweise auf die Bedeutung von Kooperationsaktivitäten für die sozial-emotionale Entwicklung. So wurden die sozialen Kompetenzen der Kinder nach dem Übergang in die Vorschule höher und die Verhaltensauffälligkeiten niedriger eingeschätzt, wenn zuvor eine höhere Anzahl an Übergangsaktivitäten umgesetzt worden war. Als besonders förderlich erwies sich z. B. ein Austausch der pädagogischen Akteure über die Curricula oder über Kinder (vgl. LoCasale-Croruch, Mashburn, Downer & Pianta, 2008). In einer finnischen Studie von Ahtola et al. (2011) konnten ebenfalls positive Effekte einer größeren Variation an Übergangspraktiken festgestellt werden, mit Blick auf die mathematische und schriftsprachliche Entwicklung der Kinder. Als besonders bedeutsam erwiesen sich z. B. die Weitergabe von Bildungsdokumentationen, ein Austausch zu den jeweiligen Curricula, eine enge Kooperation auf der

4.2 Ausgewählte Formen der Kooperation von KiTa, Grundschule und Familie

Ebene der pädagogischen Akteure sowie Treffen zwischen der Familie und den Lehrkräften vor der Einschulung. Ein Besuch der KiTa-Kinder in der Schule brachte keine signifikanten Effekte (vgl. Ahtola et al., 2011).

Die vorherigen Ausführungen geben insgesamt Hinweise darauf, dass sich insbesondere entwicklungsbezogene Kooperationsformen, ggf. unter Einbezug der Eltern, für die Entwicklung von Kindern als förderlich erweisen können. Im folgenden Kapitel 5 wird nun auf Maßnahmen zur bildungsstufenübergreifenden Förderung von Kindern eingegangen.

5

Kinder stärken durch Maßnahmen zur bildungsstufenübergreifenden Förderung

Maßnahmen zur bildungsstufenübergreifenden Förderung stellen eine weitere Möglichkeit dar, auf einer systemischen Ebene zur Gestaltung eines anschlussfähigen Übergangs von der KiTa zur Grundschule beizutragen (vgl. Kapitel 1.3). Bildungsstufenübergreifende Bildungs- und Erziehungspläne, die mittlerweile in einigen Bundesländern vorliegen, können im Sinne der Herstellung einer curricularen Anschlussfähigkeit hierfür eine wichtige Orientierungsgrundlage bieten. Daher werden in Kapitel 5.1 zunächst zentrale Ziele und Merkmale entsprechender Bildungs- und Erziehungspläne thematisiert, bevor in Kapitel 5.2 ausgewählte Projekte vorgestellt werden, die auf unterschiedlichen Ebenen das Ziel verfolgen, zur bildungsstufenübergreifenden Förderung von Kindern beizutragen, z. B. durch die vorschulische Förderung von Kindern durch pädagogische Akteure in KiTa und Grundschule, durch bildungsstufenübergreifende Fortbildungen beider Professionen oder durch die Gestaltung von Lerngelegenheiten für Kinder beider Institutionen.

5.1 Zentrale Zielstellungen und Merkmale bildungsstufenübergreifender Bildungs- und Erziehungspläne

In einigen europäischen Ländern, wie England, Schottland, Norwegen und Schweden, oder auch anderen Gebieten, wie Südaustralien, gibt es bereits seit längerer Zeit bildungsstufenübergreifende Bildungs- und Erziehungspläne (vgl. Oberhuemer, 2012; Strätz, Solbach & Holst-Solbach, 2007). Auch in verschiedenen Bundesländern Deutschlands sind in den letzten Jahren verstärkt Tendenzen festzustellen, was die Entwicklung entsprechender Pläne für den Elementar- und Primarbereich anbelangt. In einigen Bundesländern, wie Brandenburg, Hessen, Mecklenburg-Vorpommern und Thüringen, wurden diese bereits eingeführt. In Nordrhein-Westfalen liegt ein entsprechender Plan als Entwurf vor und wurde bereits an Einrichtungen erprobt. Die Einführung von bildungsstufenübergreifenden Bildungs- und Erziehungsplänen kann auf curricularer Ebene auf unterschiedliche Weise zur Gestaltung eines anschlussfähigen Übergangs von der KiTa in die Grundschule beitragen. So können entsprechende Bildungs- und Erziehungspläne in konzeptioneller Hinsicht die Professionalisierung pädagogischer Akteure unterstützen, was z. B. die Entwicklung eines gemeinsamen Bildungsverständnisses von Elementar- und Primarbereich anbelangt (vgl. ebd.). Darüber hinaus können sie sowohl fachliche Grundlagen als auch pädagogisch-didaktische Anregungen für eine anschlussfähige Bildung, Erziehung und Betreuung von Kindern in KiTa und Grundschule bieten, im Rahmen derer allerdings auch der jeweilige institutionenspezifische Kontext sowie die individuellen Voraussetzungen und Bedürfnisse der beteiligten Akteure zu berücksichtigen sind.

Im Sinne der zuvor aufgezeigten Zielstellungen wird in den angesprochenen Plänen der Bundesländer Deutschlands zunächst ein gemeinsames Bildungsverständnis erörtert, welches sich u. a. durch einen kompetenzorientierten Blick auf ein eigenaktives Kind sowie eine ganzheitliche und sozial- bzw. ko-konstruktivistische Perspektive auf die kindlichen Lern- und Bildungsprozesse auszeichnet. Ebenso werden in der Regel zentrale Bildungs- und Erziehungsziele bzw. Grundsätze der pädagogischen Arbeit im Elementar- und Primarbereich angesprochen, was z. B. die Beobachtung und Dokumentation kindlicher Lern- und Bildungsprozesse anbelangt. Ebenso werden zumeist Möglichkeiten der Kooperation zwischen beiden Institutionen und auch Möglichkeiten der Zusammenarbeit mit Eltern aufgezeigt (vgl. hierzu auch Kapitel 4.2). Dies betrifft vor allem die Gestaltung des Übergangs von der KiTa in die Grundschule, der ebenfalls in allen Plänen thematisiert wird, u. a. was die hiermit verbundenen Entwicklungsaufgaben für Kinder (und Eltern) und die Möglichkeiten einer Begleitung und Unterstützung durch KiTa und Grundschule anbelangt (vgl. hierzu auch Kapitel 2 und Kapitel 3). In den Plänen der verschiedenen Bundesländer werden aber auch unterschiedliche Schwerpunkte gesetzt. So stehen im gemeinsamen Orientierungsrahmen Brandenburgs beispielsweise Qualitätsmerkmale und praktische Umsetzungsmöglichkeiten der Gestaltung des Übergangs von der KiTa in die Grundschule im Fokus (vgl. Ministerium für Bildung, Jugend und Sport des Landes Brandenburg, 2009). In den Bildungs- und Erziehungsplänen der anderen Bundesländer, wie Mecklenburg-Vorpommern und Hessen, wird hingegen stärker noch auf Ziele bzw. Leitgedanken der pädagogischen Arbeit hinsichtlich der Förderung von Kindern in verschiedenen Bildungs- und Erziehungsbereichen eingegangen, sowohl bezogen auf die Entwicklung personaler, emotionaler und sozialer Kompetenzen als auch bezogen auf die Entwicklung von Kindern im motorischen, gesundheitlichen und körperlichen, künstlerisch-ästhetischen, (schrift-)sprachlichen und mathematischen, naturwissenschaftlichen, moralischen und religiösen Bereich (vgl. Hessisches Ministerium für Soziales und Integration & Hessisches Kultusministerium, 2014; Ministerium für Bildung, Wissenschaft und Kultur Mecklenburg-Vorpommern, 2011). In Thüringen und Nordrhein-Westfalen werden über die Formulierung entsprechender Leitgedanken hinaus konkrete Anregungen und Beispiele für mögliche Aktivitäten gegeben (vgl. Kulturministerium des Freistaats Thüringen, 2008; MSW & MFKJK NRW, 2011). Diese können auch als Orientierung für die Gestaltung von Projekten zur bildungsstufenübergreifenden Förderung von Kindern genutzt werden, was z. B. die Erprobung des nordrhein-westfälischen bildungsstufenübergreifenden Bildungs-und Erziehungsplanes in verschiedenen Netzwerken aus KiTas und Grundschulen gezeigt hat (vgl. ISA e. V., 2012).

5.2 Ausgewählte Projekte zur bildungsstufenübergreifenden Förderung von Kindern

Im Folgenden werden exemplarisch ausgewählte Projekte bzw. Konzepte vorgestellt, die auf unterschiedliche Weise die Unterstützung einer bildungsstufenübergreifenden, anschlussfähigen Förderung von Kindern in KiTa und Grundschule intendieren.

Hierzu können zum einen Projekte gezählt werden, im Rahmen derer *die vorschulische Förderung von Kindern in der KiTa durch ein bildungsstufenübergreifend angelegtes Team aus pädagogischen elementar- und primarpädagogischen Akteuren* im Fokus steht. Auf das Projekt KIGS, in welchem zumindest stundenweise pro Woche eine gemeinsame Arbeit der pädagogischen Akteure aus der KiTa und der Grundschule in den teilnehmenden, räumlich an Grundschulen angesiedelten KiTa-Gruppen möglich ist, wurde bereits an anderer Stelle verwiesen (vgl. Kapitel 3.2.3; http://www.uni-bielefeld.de/erziehungswissenschaft/ag3/forschung.html#kigs, Zugriff am 28.11.2014). In den Modell-KiTas des Projektes KiDZ war sogar dauerhaft und ganztägig eine Grundschullehrkraft tätig, so dass die Gruppen von einem multiprofessionellen Team aus einer Erzieherin, einer Kinderpflegerin und einer Grundschullehrkraft geleitet wurden. Ziel der durch regelmäßige gemeinsame Fortbildungen unterstützten Teamarbeit war es, »[...] durch die Integration unterschiedlicher fachlicher Perspektiven nicht nur neue Förderansätze im Kindergarten zu entwickeln und zu erproben, sondern auch Impulse und Ideen für eine Institutionen übergreifende Perspektive auf die Anschlussfähigkeit frühkindlicher Bildungsprozesse entstehen zu lassen« (Sechtig, Freund, Roßbach & Anders, 2012, S. 174). Ergebnisse der wissenschaftlichen Begleitung des Modellprojektes verweisen auf recht positive Effekte. So zeigten sich bezogen auf die allgemeine kindorientierte oder auch die naturwissenschaftliche Förderung in den Einrichtungen zwar keine Unterschiede zwischen der Modell- und Kontrollgruppe. In den Bereichen ›Literacy‹ und ›Mathematik‹ konnte in den KiDZ-Gruppen allerdings eine signifikant höhere Förderqualität beobachtet werden. Auch bezogen auf die Entwicklung der Kinder ergaben sich positive Effekte für die Projektkinder im Vergleich zur Kontrollgruppe am Ende der KiTa-Zeit. Im 2. Schuljahr konnten zwar bezogen auf die mathematischen Fähigkeiten der Kinder keine Kompetenzunterschiede mehr festgestellt werden, die Vorteile der Projektkinder im Bereich des Lesens blieben allerdings weiterhin bestehen (vgl. ebd.; vgl. für ähnliche Befunde zur Grund- und Basisstufe Kapitel 6.2). Darüber hinaus wiesen sie ein höheres Wohlbefinden und mehr Lernfreude auf, wichtige individuelle

5.2 Ausgewählte Projekte zur Förderung von Kindern

Schutzfaktoren einer erfolgreichen Übergangsgestaltung (vgl. Kapitel 3.2.1). Bis 2015 finden weitere Follow-Up-Erhebungen statt, um die Entwicklung der Kinder bis in die Sekundarstufe I zu untersuchen (http://www.uni-bamberg.de/efp/leistungen/forschung/kidz/; Zugriff am: 4.12.2014; vgl. zum Projekt auch Stiftung Bildungspaket Bayern, 2007).

Während in Projekten wie KIGS und KiDZ zunächst die Förderung in der KiTa im Fokus steht, gibt es weitere Projekte, welche beispielsweise auch die *Gestaltung gemeinsamer Lernsituationen für KiTa- und Grundschulkinder* vorsehen. Zu nennen wären in diesem Kontext beispielsweise das Projekt »Schüler helfen Kinder« (vgl. Reichmann, 2011; vgl. Kapitel 3.2.3) oder auch ein Projekt zur frühen Förderung politisch-sozialer Bildungsprozesse von Kindern, in welchem Grundschülerinnen und -schüler bei Besuchen von KiTa-Kindern als Tutoren agieren und mit ihnen kooperativ zusammenarbeiten, z. B. zu Themen wie ›Gerechtigkeit‹ und ›gerechtes Verhalten‹ (vgl. Lüschen & Kaiser, 2014). Im Projekt LuKS steht wiederum die Förderung von Kindern im mathematischen und naturwissenschaftlichen, aber z.T. auch im schriftsprachlichen Bereich im Fokus. Hierzu wurden an Grundschulen Lernwerkstätten eingerichtet, in denen verschiedenste Materialien zur Verfügung stehen, die bei gemeinsamen Besuchen von KiTa- und Grundschulkindern in Begleitung von pädagogischen Akteuren aus beiden Einrichtungen zum forschenden und entdeckenden Lernen genutzt werden können (vgl. Dollinger & Odersky, 2012). Im Rahmen des Modellprojektes »Kinderbildungshaus« wurde ebenfalls an einer Paderborner Grundschule, in Kooperation mit zwei KiTas, eine vor allem naturwissenschaftlich ausgerichtete Lernwerkstatt eingerichtet. Diese wird an zwölf Vormittagen im Verlauf des Schuljahres von Vorschulkindern und Erstklässlern besucht. Die Angebote werden im Vorfeld gemeinsam von Erzieherinnen, Lehrkräften und einer Schulsozialarbeiterin im Team vorbereitet. Ebenso finden, wie auch in der Regel in den anderen zuvor benannten Projekten, regelmäßig gemeinsame Fortbildungen und Konferenzen der pädagogischen Akteure statt. Ergebnisse der wissenschaftlichen Begleitung verweisen u. a. auf eine überwiegend positive Beurteilung des altersgemischten Lernens durch die beteiligten Kinder. Chancen sehen KiTa-Kinder sowohl im kognitiven Bereich (z. B. Anregungen zum Lernen) als auch im sozialen Bereich (z. B. Kontakte mit Kindern) (vgl. Kordulla, 2014; vgl. zum Projekt Büker, Kordulla & Pollmann, 2011).

Die Durchführung regelmäßiger, gemeinsamer Spiel- und Lernangebote für KiTa- und Grundschulkinder gehört auch zu den zentralen Elementen des Projektes »Bildungshaus 3-10«, an welchem ca. 32 Modellstandorte, jeweils bestehend aus einer Grundschule und bis zu fünf KiTAs, in Baden-Württemberg beteiligt sind. Je nach räumlicher Entfernung der Einrichtungen finden institutionenübergreifende Aktivitäten für die Kinder mindestens einmal, häufig aber auch mehrmals pro Woche statt. Inhaltlich bezogen sich diese zunächst vor allem auf den Themenverbund ›Mensch, Natur und Kultur‹, mittlerweile aber auch auf die Bereiche Sprache, Mathematik und Bewegung (vgl. Sturmhöfel, 2012). Bezogen auf die Bewältigung des Übergangs von der KiTa in die Grundschule weisen die Ergebnisse der wissenschaftlichen Begleitung des Projektes u. a. darauf hin, dass Eltern von Kindern aus den Modelleinrichtungen zu 93 %, und somit noch etwas häufiger als Eltern aus den Vergleichseinrichtungen (zu 80 %), der Auffassung waren, dass der Schuleintritt für die Kinder leichter oder genau wie erwartet verlaufen ist. Zudem scheint aus Sicht von Eltern die Kooperation zwischen KiTa und Grundschule für eine positive Übergangsbewältigung ihrer Kinder besonders bedeutsam zu sein, bedeutsamer als z. B. die Familie, der Kindergarten oder die Lehrkraft jeweils allein. Dies trifft zwar prinzipiell für beide Elterngruppen, besonders aber auch für die Eltern der Modelleinrichtungen zu (vgl. ebd.). Die wissenschaftliche Begleitung des Projektes sieht allerdings nicht nur eine Wirkungsanalyse und eine Prozessdokumentation der pädagogischen Begleitung, sondern auch eine Prozessbegleitung der pädagogischen Akteure in den Modelleinrichtungen vor, z. B. durch Beratungs- und Moderationsangebote externer

5.2 Ausgewählte Projekte zur Förderung von Kindern

Personen oder auch fachliche Impulse (vgl. http://www.znl-bil¬ dungshaus.de, Zugriff am 04.12.2014).

Darüber hinaus gibt es weitere Projekte, in denen eine solche *bildungsstufenübergreifende Professionalisierung und Fortbildung von pädagogischen Akteuren aus KiTa und Grundschule* im Fokus steht. Im Projekt ponte wurden beispielsweise Tandems aus jeweils einer Grundschule und den kooperierenden KiTas gebildet. Im Rahmen der Tandemarbeit fanden regelmäßig gemeinsame Austausch- und Reflexionstreffen, z. B. zu einem gemeinsamen Bildungsverständnis, oder auch gegenseitige Hospitationen statt. Ebenso wurden gemeinsame Bildungsprojekte wie z. B. Forschertage für KiTa- und Grundschulkinder geplant und umgesetzt. Die Evaluation zeigt, dass sich im Rahmen der Tandemarbeit die Unterstützung durch externe Moderatoren »[...] gerade in der Anfangsphase, als Schlüssel zu einer hohen Kooperationsintensität« (Hoffsommer & Ramseger, 2012, S. 194) erwies. Diese übernahmen nicht nur Moderationsaufgaben, sondern auch Aufgaben der Mediation und Beratung. Qualifizierungsangebote in Form von gemeinsamen Fortbildungen für die pädagogischen Akteure stellten darüber hinaus eine weitere wichtige Säule des ponte-Programms dar, in denen es inhaltlich u. a. um die Zusammenarbeit mit Eltern oder die bereichsübergreifende und -spezifische Förderung von Kindern ging (vgl. ebd.).

Ein Beispiel für ein Projekt, in welchem speziell die Professionalisierung und der gemeinsame Austausch von pädagogischen Akteuren aus KiTa und Grundschule bezogen auf die bildungsstufenübergreifende Förderung von Kindern im Bereich Literacy den Schwerpunkt bildete, ist das Projekt LibelLe. Im Rahmen einer Fortbildungsreihe entwickelten die Teilnehmerinnen in Tandems aus miteinander kooperierenden Einrichtungen jeweils zu verschiedenen Themen, wie dem Umgang mit Bilderbüchern oder Schriftsprache in der Umwelt, analoge, d. h. zwei aufeinander Bezug nehmende Lerngelegenheiten, von denen eine zunächst vor dem Übergang der Kinder in der KiTa und die anderen jeweils nach der Einschulung der Kinder im Unterricht der 1. Klasse umgesetzt wurde. Die aktuell noch laufende Auswertung der Daten der wissenschaftlichen Begleitung des Projektes dient u. a. dazu zu untersuchen, inwiefern im Rahmen der Lerngelegenheiten eine methodisch-didaktische Anschlussfähigkeit der pädagogischen Arbeit in beiden Institutionen hergestellt wurde (vgl. Kapitel 1.3) und welche Chancen und Grenzen entsprechender Lerngelegenheiten die beteiligten pädagogischen Akteure für die eigene Arbeit, die Arbeit mit den Kooperationspartnern und die anschlussfähige Förderung von Kindern sehen (vgl. Henke, 2014).

Es wird deutlich, dass in vielen der zuvor exemplarisch vorgestellten Projekte häufig in ko-konstruktiver Zusammenarbeit von pädagogischen Akteuren aus dem Elementar- und Primarbereich, im Kontext gemeinsamer Professionalisierungsprozesse, Lerngelegenheiten, Materialien und Lernumwelten entwickelt wurden, welche dem Ziel dienen, Kinder im Übergang von der KiTa in die Grundschule auf ganz unterschiedliche Weise möglichst anschlussfähig zu fördern. Das Kapitel abschließend sei darauf hingewiesen, dass mittlerweile auch vielfältige *(fach-)didaktische Materialien und Konzepte* vorliegen, die im Kontext einer bildungsstufenübergreifenden Förderung von Kindern eingesetzt werden können. Ein Beispiel für den mathematischen Bereich ist das Programm Mathe 2000 bzw. Mathe 2000+, das von Wittmann und Müller initiiert wurde. Es umfasst vielfältige Materialien nicht nur für den Primar-, sondern mittlerweile auch für den Elementarbereich, z. B. »Das Zahlenbuch« für die Grundschule und »Das Zahlenbuch für die Frühförderung« (Klett Verlag). Letzteres beinhaltet z. B. verschiedene Spiel- und Malhefte, die sich für den Einsatz in der KiTa und im frühen Anfangsunterricht der Grundschule eignen und z.T. auch im »Zahlenbuch« wieder aufgegriffen werden (vgl. http://www.mathe2000.de/Materialien, Zugriff am 04.12.2014). Ein weiteres Beispiel wäre das Grundschullehrwerk »Welt der Zahl« und die Werkreihe »Kleine Welt der Zahl – für den Elementarbereich« (Schroedel Verlag) (http://www.schroedel. de/reihe/Kleine-Welt-der-Zahl-fuer-den-Elementarbereich-Ausgabe-2010/KWDZ10, Zugriff am 05.12.2014). Im schriftsprachlichen Bereich finden sich u. a. bei Dehn (2007) oder auch in der »Ideen-Kiste« von Brinkmann und Brügelmann (1998) vielfältige Anregungen für die Förderung von Kindern im Anfangsunterricht der Grundschule, die sich auch für interessierte Kinder im Elementarbereich nutzen lassen. Darüber hinaus werden im schriftsprachlichen Bereich inzwischen zu einzelnen Lehrwerken Materialien angeboten, die sowohl für die Förderung von Kindern mit geringeren Lernvoraussetzungen im Anfangsunterricht als auch für die interessengeleitete Förderung von Kindern mit weiter fortgeschrittenen Lernvoraussetzungen im Elementarbereich genutzt werden können, z. B. das Heft »Bausteinchen. Lesen- und Schreibenlernen fördern« zum Lehrwerk »Bausteine« (Diesterweg Verlag; http://www.diesterweg.de/artikel/BAUSTEINE-Fibel-Ausgabe-2008-BAUSTEINCHEN/978-3-425-14112-1, Zugriff am: 05.12.2014).

Bezogen auf den Einsatz entsprechender Materialien bzw. Konzepte in der bildungsstufenübergreifenden Förderung ist zu beachten, dass hiermit keine Vorverlegung einer systematischen schulischen Förderung in den Elementarbereich intendiert wird. Vielmehr sollten entsprechende Materialien bzw. Konzepte als Angebote für interessierte KiTa-Kinder angesehen werden und somit als mögliche Ergänzung bzw. Erweiterung einer spielerischen, situations- und alltagsorientierten Förderung von Kindern, die sich stark an den individuellen Bedürfnissen der Kinder orientiert (vgl. hierzu auch Kapitel 3.2.3).

6

Kinder stärken durch Maßnahmen zur Neugestaltung der Schuleingangsphase

Neben einer Kooperation zwischen Familie, KiTa und Grundschule und der Realisierung von Maßnahmen einer bildungsstufenubergreifenden Förderung von Kindern verfolgen Maßnahmen im Kontext einer Neugestaltung der Schuleingangsphase auf systemischer, hier speziell auf institutioneller Ebene, das Ziel, zu einer anschlussfähigen Gestaltung des Übergangs von der KiTa in die Grundschule beizutragen. Zu Beginn des Kapitels werden zunächst zentrale Zielstellungen und Merkmale einer Neugestaltung herausgestellt (vgl. Kapitel 6.1), bevor anschließend drei Modellprojekte näher vorgestellt werden, welche unterschiedliche Realisierungsmöglichkeiten der Schuleingangsphase und ihre Potenziale für die Unterstützung von Kindern bei der Übergangsbewältigung deutlich machen (vgl. Kapitel 6.2).

6.1 Zentrale Zielstellungen und Merkmale einer Neugestaltung der Schuleingangsphase

Konzepte und Modellversuche zur Neugestaltung der Schuleingangsphase wurden in den verschiedenen Bundesländern Deutschlands z.T. bereits seit den 1990er Jahren umgesetzt (mit Ausnahme des Saarlandes; vgl. zu Reforminitiativen einer »alten« Schuleingangsstufe in den 1960er und 1970er Jahren Götz, 2014). Grundlage hierfür bildeten aus bildungsprogrammatischer Sicht u. a. die von der KMK beschlossenen »Empfehlungen zum Schulanfang« (KMK, 1997), in welchen die Vorverlegung des Einschulungsstichtages sowie die Verringerung des Anteils von Zurückstellungen vom Schulbesuch und die Erleichterung vorzeitiger Einschulungen gefordert wurden (vgl. Kapitel 1.1). Darüber hinaus wurden von der KMK im Nachgang zum deutschen Abschneiden in internationalen Vergleichsstudien »Maßnahmen zur besseren Verzahnung von vorschulischem Bereich und Grundschule mit dem Ziel einer frühzeitigen Einschulung« (KMK, 2002, S. 6) gefordert. Aus pädagogischer Sicht können zudem Bestrebungen zur Gestaltung eines anschlussfähigen Übergangs von der KiTa in die Grundschule (vgl. Kapitel 1.3), ein verändertes Verständnis von Schulfähigkeit und Schuleingangsdiagnostik (vgl. Kapitel 1.1) oder auch Verweise auf die Relevanz einer individuellen Förderung aller Kinder entsprechend ihrer Lernvoraussetzungen und Bedürfnisse (vgl. u. a. Kapitel 3.2.1) als Begründungsansätze für Maßnahmen im Kontext einer Neugestaltung der Schuleingangsphase angeführt werden (vgl. u. a. Götz, 2014; Hinz, 2005).

Die zentralen Merkmale einer Neugestaltung der Schuleingangsphase werden im Folgenden zusammengefasst. Es sei allerdings darauf verwiesen, dass die Umsetzung in den einzelnen Bundesländern z.T. relativ stark variiert (vgl. Faust, Hanke & Dohe, 2010).

Ein übergreifendes Merkmal von Maßnahmen einer Neugestaltung der Schuleingangsphase stellt, entsprechend der Empfehlungen der KMK und im Sinne eines veränderten Schulfähigkeitsverständnisses, die *Einschulung möglichst aller schulpflichtigen Kinder* dar (vgl. im Folgenden Faust, 2006; Götz, 2014; Speck-Hamdan, 2010). Vorzeitige Einschulungen von Kindern sollen auf Antrag der Eltern erleichtert werden und Zurückstellungen vom Schulbesuch in der Regel nur noch in begründeten Ausnahmefällen erfolgen, z. B. bei erheblichen gesundheitlichen Bedenken (vgl. Kapitel 1.1). Eine Schuleingangsdiagnostik dient demnach in der Regel nicht länger der Selektion ›nicht schulfähiger‹ Kinder, sondern als Grundlage für eine möglichst frühe anschlussfähige Förderung aller Kinder. Eine entsprechende *Förderdiagnostik* kann auch für den weiteren Verlauf der (ersten beiden) Grundschuljahre als ein zentrales Merkmal einer Neugestaltung der Schuleingangsphase angesehen werden. In diesem Kontext werden sowohl die Potenziale eines *differenzierten und individualisierten Unterrichts* als auch die Relevanz von Phasen *gemeinsamen Lernens* betont, um die Heterogenität innerhalb einer Klasse produktiv für ein Mit- und Voneinanderlernen nutzen zu können.

Um den Lernvoraussetzungen der Kinder auch hinsichtlich ihres individuellen Lerntempos gerecht zu werden, zählt eine *flexible Verweildauer* zu einem weiteren Charakteristikum der Neugestaltung der Schuleingangsphase. Das bedeutet, »[d]ie Kinder können die beiden ersten Jahrgangsstufen der Grundschule, die als Einheit verstanden werden, in einem, in zwei oder aber auch in drei Jahren durchlaufen« (Speck-Hamdan, 2010, S. 221).

Besondere Vorteile kann in diesem Kontext die Bildung von *jahrgangsübergreifenden Klassen* bieten, welche in verschiedenen Bundesländern ebenfalls zu den Merkmalen einer Neugestaltung der Schuleingangsphase gehört (vgl. für einen Überblick über die Bundesländer Faust, Hanke & Dohe, 2010; vgl. zur Jahrgangsmischung u. a. Götz & Krenig, 2014; Hanke, 2007). So wird in jahrgangsübergreifenden Klassen, z. B. in der Jahrgangsmischung 1/2, trotz individueller Verweildauer in der Regel ein klassisches ›Sitzenbleiben‹ oder ›Springen‹ vermieden. Kinder mit geringeren Lernvoraussetzungen können in der Regel von der gleichen Lehrkraft auch über drei Jahre lang hinweg gefördert werden, ohne die Klasse verlassen zu müssen (auch wenn der Klassenverband selbst sich durch das Hinzukommen von Erstklässlern und den Wechsel von Kindern ins 3. Schuljahr verändert). Aus organisatorischer Sicht wird es, mit Blick auf das z. B. ohnehin zur Verfügung stehende Material, zudem erleichtert, dass Kinder mit weiter fortgeschrittenen Lernvoraussetzungen auch innerhalb ihres ersten Schulbesuchsjahres bereits an Inhalten der nächst höheren Jahrgangsstufe mitarbeiten, um ggf. am Ende des Schuljahres mit den anderen ›Zweitklässlern‹ der Lerngruppe in die 3. Klasse zu wechseln. Ein weiterer Vorteil jahrgangsübergreifender Klassen kann mit Blick auf die Bewältigung des Übergangs von der KiTa in die Grundschule darin bestehen, dass bereits schulerfahrenere Kinder die neu eingeschulten Kinder in das Schulleben einführen können (vgl. Hanke, 2007). In diesem Sinne könnten beispielsweise auch bereits vor Schuleintritt jahrgangsübergreifende Patensysteme etabliert werden, z. B. bei Besuchen der Vorschulkinder in ihrer zukünftigen Klasse, was auch auf interaktionaler Ebene für Kinder den Übergang erleichtern könnte (vgl. Kapitel 3.2.2). Die Schulanfänger des vergangenen Jahres könnten dann wiederum im nächsten Jahr als Paten fungieren, was sich u. a. für die Selbstkonzeptentwicklung als förderlich erweisen kann. Insgesamt können die Kinder in jahrgangsübergreifenden Klassen durch die teilweise Neuzusammensetzung der Lerngruppe nach einem Schuljahr im Laufe der Zeit unterschiedlichste Rollen und Positionen innerhalb des Klassenverbandes einnehmen, was sie zugleich in ihren sozial-emotionalen, aber auch kognitiven und lernbereichsspezifischen Lernprozessen anregen kann. Entsprechende jahrgangsübergreifende Erfahrungen sind den Kindern in der Regel bereits aus ihrer vorschulischen Zeit bekannt, so dass sich auch hier Anknüpfungspunkte zwischen KiTa und Grundschule eröffnen. Zusammenfassend besteht ein Hauptunterschied zu jahrgangsbezogenen Klassen der Schuleingangsphase darin, dass es in jahrgangsübergreifenden Klassen zum Regelfall gehört, dass der Einschulungszeitpunkt der Kinder einer Lerngruppe variiert. Auf diese Weise wird die Heterogenität innerhalb einer Klasse und hiermit verbunden auch die Relevanz einer individuellen Förderung sowie die Möglichkeiten des Mit- und Voneinanderlernens unter den Kindern noch einmal in besonders verstärkter Weise deutlich (vgl. Hanke, 2007). Allerdings ist darauf zu verweisen, dass sich auch in jahrgangsbezogenen Lerngruppen die Lernvoraussetzungen, Bedürfnisse und Fähigkeiten der Kinder sehr unterschiedlich gestalten (vgl. u. a. Kapitel 2.1.1) und auch in dieser Organisationsform die Notwendigkeit eines differenzierten und individuell anschlussfähigen Unterrichts besteht. Zudem können sich auch in jahrgangsbezogenen Klassen vielfältige Möglichkeiten des gemeinsamen Lernens eröffnen, z. B. im Rahmen kooperativen Lernens und der Umsetzung von Helfersystemen. Hanke stellt vor diesem Hintergrund fest: »[...] entscheidend für die Förderung von Lernprozessen [ist] demnach nicht primär die Organisationsform des Unterrichts, sondern insbesondere deren entwicklungsorientierte pädagogisch-didaktische Ausgestaltung« (Hanke, 2007, S. 140). Dies spiegelt sich auch in dem Forschungsstand zum Thema Jahrgangsmischung wider, der keine eindeutigen Vor- oder Nachteile der einen oder der anderen Organisationsform erkennen lässt. So deuten zwar die Befunde einiger Studien im Bereich der sozial-emotionalen Entwicklung auf zumindest geringe positive Effekte für eine Jahrgangmischung im Vergleich zum jahrgangsbezogenen Unterricht hin. Dies lässt sich allerdings nicht pauschalisieren. Ähnliches gilt in umgekehrter Weise auch für den Bereich der Schulleistungen. Hier zeigen sich zwar teilweise leichte positive Effekte für Kinder aus jahrgangsbezogenen Klassen. Evaluationsergebnisse zu Modellversuchen der Schuleingangsphase verweisen z.T. auch auf Vorteile für die Kinder aus den jahrgangsübergreifenden Modellklassen (vgl. Kapitel 6.2; vgl. für einen Forschungsüberblick u. a. Eckerth & Hanke, 2009).

Während eine Jahrgangsmischung in einigen Bundesländern zumindest als eine Option neben jahrgangsbezogenen Eingangsklassen im Kontext der Schuleingangsphase regulär vorgesehen ist, z. B. in Brandenburg und Nordrhein-Westfalen, ist dies in anderen Bundesländern nicht so. Die jahrgangsbezogene Eingangsklasse stellt hier den Regelfall dar, z. B. in Mecklenburg-Vorpommern (vgl. Faust, Hanke & Dohe, 2010; Recherche auf den Homepages der entsprechenden Ministerien, Stand der Recherche: 26.11.2014). In den zuvor angesprochenen Modellversuchen zur Neugestaltung der Schuleingangsphase ist eine Jahrgangsmischung fest verankert.

6.2 Ausgewählte Modellversuche zur Neugestaltung der Schuleingangsphase

Im Folgenden werden exemplarisch drei Modellversuche zur Neugestaltung der Schuleingangsphase näher beschrieben (»Flexible Schuleingangsphase«, »Schulanfang auf neuen Wegen«, »Grund- und Basisstufe«), die verschiedene Umsetzungsmöglichkeiten deutlich machen und intensiv evaluiert wurden.

Modellversuche zur *»Flexiblen Schuleingangsphase« (FLEX)* wurden in Brandenburg bereits seit den 1990er Jahren in verschiedenen Epochen mit einer immer größer werdenden Anzahl an beteiligten Schulen durchgeführt. Die Grundsätze der FLEX entsprechen im Wesentlichen den zuvor dargestellten Merkmalen einer Neugestaltung der Schuleingangsphase (vgl. Kapitel 6.1), was z. B. die Aufnahme möglichst aller schulpflichtigen Kinder, Regelungen zur vorzeitigen Einschulung oder Zurückstellung, eine individuelle Verweildauer oder auch die Einrichtung jahrgangsübergreifender Eingangsklassen (1/2) betrifft (vgl. LISUM, 2003). Den FLEX-Modellklassen stand zudem ein Lehrdeputat für Teilungsunterricht zur Verfügung, d. h. für Unterricht in Kleingruppen. Ansonsten zählten eine individualisierte Lernkultur und die Umsetzung geöffneter Unterrichtsformen mit zu den ›pädagogischen Standards‹ der FLEX (vgl. ebd.). In den Klassen war ein multiprofessionelles Team tätig, welches aus einer Klassenlehrkraft, der Lehrkraft für den Teilungsunterricht und einer sonderpädagogisch qualifizierten Lehrkraft bestand. Auf diese Weise sollte eine temporäre oder dauerhafte sonderpädagogische Förderung ermöglicht werden, ohne dass ein Verfahren zur Feststellung sonderpädagogischen Förderbedarfs eingeleitet werden musste (vgl. ebd.). Die Anzahl der Sonderschulüberweisungen konnte so halbiert werden (vgl. Bieber, Liebers & Prengel, 2007). Eine weitere Besonderheit bestand darin, dass die Möglichkeit gegeben sein sollte, dass Kinder während des laufenden Schuljahrs eingeschult werden, was allerdings kaum genutzt wurde (vgl. ebd.). Insgesamt wird deutlich, dass aus theoretischer Sicht vor allem die Förderung und Stärkung der Kinder entsprechend ihrer individuellen Lernvoraussetzungen und -prozesse im Rahmen der FLEX im Vordergrund stand, was als ein wichtiger Schutzfaktor einer erfolgreichen Übergangsbewältigung auf individueller Ebene angesehen werden kann. Im Modellversuch sollten hierzu auch auf institutioneller Ebene gewisse Rahmenbedingungen geschaffen werden (Jahrgangsmischung, Verweildauer, multiprofessionelle Teams, flexibler Schulaufnahmetermin etc.). Auf kontextueller Ebene zählte über die genannten Aspekte hinaus eine »verbesserte Zusammenarbeit von Kita und Schule im Vorfeld« (LISUM, 2003, S. 16) ebenfalls zu den Kriterien der pädagogischen Arbeit an den FLEX-Schulen.

Wie im FLEX-Modellversuch war auch in einem Teil der jahrgangsübergreifenden Modellklassen des Schulversuchs »*Schulanfang auf neuen Wegen*« in Baden-Württemberg eine halbjährliche Einschulung vorgesehen, um auf diese Weise den unterschiedlichen Bedürfnissen von Kindern besser gerecht werden zu können (vgl. Kultusministerium BW, 2006). Ähnlich wie in der FLEX wurde auch hier eine Jahrgangsmischung 1/2 umgesetzt. Zudem gab es jahrgangsbezogene Modellklassen. Diese sahen eine engere Verzahnung zwischen den an den jeweiligen Modellschulen vorhandenen Grundschulförderklassen, in denen vom Schulbesuch zurückgestellte Kinder gefördert wurden, und den Klassen des 1. Schuljahres vor, z. B. durch die gemeinsame Erstellung von Förderplänen, Förderangebote für Kinder aus beiden Einrichtungen oder auch die Möglichkeit zum flexiblen Wechsel in die 1. Klasse im Verlauf des Schuljahres (vgl. ebd.).

Die Schulversuche zur *Grund- und Basisstufe*, die seit 2004 in verschiedenen Kantonen der deutschsprachigen Schweiz und im Fürstentum Liechtenstein durchgeführt wurden, gehen bezogen auf eine bildungsstufenübergreifende Gestaltung der Schuleingangsphase noch einen Schritt weiter. Der Schulversuch sah vor, dass in der dreijährigen Grundstufe die letzten beiden KiTa-Jahre und die erste Klasse und in der Basisstufe die letzten beiden KiTa-Jahre mit der ersten und zweiten Klasse zu jahrgangsübergreifenden Lerngruppen zusammengefasst wurden. Dies sollte zum einen eine gewisse »pädagogische Kontinuität« (EDK Ost, 2010, S. 20) im Übergang von eher spielerischem Lernen zu einem stärker aufgabenorientierten Lernen ermöglichen (vgl. hierzu auch Kapitel 2.1.3). Eine anschlussfähige Förderung von Kindern stand hierbei im Vordergrund. Lernziele wurden z. B. auf das Ende der Basisstufe hin formuliert und nicht für jedes Schuljahr separat. So sollte eine gewisse zeitliche Flexibilität entstehen, was z. B. den Erwerb zentraler Kulturtechniken oder auch die Verweildauer in der Basisstufe anbelangt. Zudem wurden die Potenziale der großen Alters- und Leistungsheterogenität in den Gruppen für das gemeinsame Mit- und Voneinanderlernen betont (vgl. EDK Ost, 2010). In den Klassen war jeweils ein multiprofessionelles Team tätig, das aus einer Pädagogin bzw. einem Pädagogen mit Kindergartendiplom und einer bzw. einem mit Primarlehrerdiplom bestand. Den Klassen wurden als personelle Ressourcen in der Regel 150 Stellenprozente zugewiesen, die u. a. für Teamteaching genutzt werden konnten und in denen z.T. auch Kapazitäten für eine sonderpädagogische Unterstützung enthalten waren.

Werden die Evaluationsergebnisse der drei vorgestellten Modellversuche übergreifend in den Blick genommen, lässt sich hinsichtlich der Unterrichtsgestaltung in den jahrgangsübergreifenden Modellklassen im Vergleich zu jahrgangsbezogenen Kontrollklassen tendenziell eine Intensivierung eines individualisierenden und differenzierenden Unterrichts feststellen, z. B. im Rahmen des Einsatzes geöffneter Unterrichtsformen (vgl. Bieber, Liebers & Prengel, 2007; Kultusministerium BW, 2006; Vogt, Zumwald, Urech & Abt, 2010), was zentralen Zielen einer Neugestaltung der Schuleingangsphase entsprechen würde (vgl. Kapitel 6.1). Es zeigte sich allerdings auch, dass z. B. in den FLEX-Klassen und in den Klassen der Grund- und Basisstufe, anders als es ursprünglich intendiert war, häufig auch ein jahrgangsbezogener (Abteilungs-)Unterricht stattfand, vor allem in Deutsch und Mathematik, während eine ›wirkliche‹ Jahrgangsmischung insbesondere im sportlichen und musisch-künstlerischen Bereich oder z. B. auch im fächerübergreifenden Unterricht umgesetzt wurde (vgl. Bieber, Liebers & Prengel, 2007; Vogt, Zumwald, Urech & Abt, 2010). Die Lehrkräfte im Modellversuch in Baden-Württemberg waren aber auch der Auffassung, dass gerade die Jahrgangsmischung den Schulanfängern den Einstieg ins Schulleben erleichtern und die Sozialbeziehungen untereinander bereichern würde (vgl. Kultusministerium BW, 2006). Bezogen auf die sozial-emotionale Entwicklung der Projektkinder verweisen die Evaluationsbefunde z.T. auf positive Effekte, z. B. bezogen auf die Lernfreude, die Anstrengungsbereitschaft und das schulische Wohlbefinden der Kinder in den FLEX-Klassen (vgl. Liebers, 2008). Im Rahmen der Evaluation der Grund- und Basisstufe ergaben sich im sozial-emotionalen Bereich allerdings im Projektverlauf kaum Unterschiede zwischen den Kindern in den Modell- und Kontrollklassen (vgl. Moser & Bayer, 2010). Ähnliches gilt für die Leistungsentwicklung, z. B. im mathematischen und schriftsprachlichen Bereich. Die Kinder der Grund- und Basisstufe wiesen zwar in den ersten beiden Jahren signifikant größere Lernfortschritte auf, die Kinder aus den ›traditionellen‹ Kindergartenklassen holten diese Rückstände aber bis zum Ende der zweiten Klasse vollständig wieder auf (vgl. ebd.). In den beiden anderen Modellversuchen konnten hingegen durchaus Vorteile für die Kinder aus den jahrgangsübergreifenden Klassen festgestellt werden, in den FLEX-Klassen sowohl im schriftsprachlichen und im mathematischen Bereich, in Baden-Württemberg längerfristig vor allem im Bereich des Lesens. In beiden Fällen schienen zudem insbesondere Kinder mit geringeren Lernvoraussetzungen vom Modellversuch zu profitieren (vgl. Bieber, Liebers & Prengel, 2007; Kultusministerium BW, 2006). Die nicht ganz eindeutige Ergebnislage gibt, ebenso wie der übergreifende Forschungsstand zur Jahrgangsmischung (vgl. Kapitel 6.1), allerdings Hinweise darauf, dass möglicherweise weniger nur die Organisationsform, sondern vor allem auch die jeweilige Prozessqualität der pädagogischen Arbeit in den Fokus gerückt werden sollte. Insgesamt konnte aber gezeigt werden, dass Maßnahmen einer Neugestaltung der Schuleingangsphase durchaus Potenziale besitzen, auf institutioneller Ebene einen Rahmen zu schaffen, um Kinder auf individueller Ebene (z. B. durch eine anschlussfähige Förderung), interaktionaler Ebene (z. B. durch die Nutzung einer Jahrgangsmischung für die Einführung der Kinder in den Schulalltag) und kontextueller Ebene (z. B. durch eine stärkere Zusammenarbeit von Elementar- und Primarbereich) im Übergangsprozess zu unterstützen und zu begleiten.

7

Den Übergang von der KiTa in die Grundschule ressourcenorientiert gestalten – Fazit und Ausblick

Im vorliegenden Band wurde aus einer ressourcenorientierten Perspektive heraus vertiefend in den Blick genommen, welche Charakteristika der Übergang von der KiTa in die Grundschule aufweist (Kapitel 1), welche Herausforderungen an *Kinderstärken* in diesem Kontext mit dem Übergang verbunden sind (Kapitel 2) und *wie Kinder* auf verschiedenste Weise im Prozess einer erfolgreichen Übergangsbewältigung durch Familie, KiTa und Grundschule anschlussfähig unterstützt und gefördert bzw. *gestärkt werden können* (Kapitel 3 bis Kapitel 6).

Deutlich wurde, dass die an Kinder bzw. an Kinder und ihre individuellen Ressourcen und Stärken gestellten Herausforderungen bzw. Entwicklungsaufgaben im Übergang recht vielfältig sind und im Sinne des Transitionsansatzes auf einer individuellen Ebene (z. B. Statuswechsel), einer interaktionalen Ebene (z. B. Abschiednehmen und Kennenlernen neuer Personen) und einer kontextuellen bzw. institutionellen Ebene (z. B. Veränderung curricularer Anforderungen) verortet werden können (vgl. Kapitel 2). Ebenso hat es sich u. a. auf Basis berichteter Forschungsbefunde gezeigt, dass die Bewältigung des Übergangs von der KiTa in die Grundschule als individueller Prozess zu verstehen ist. Wenngleich der Großteil der Kinder den Übergang erfolgreich zu bewältigen scheint, zeigen sich durchaus verschiedene Bewältigungsprofile bzw. -typen und zumindest für einen Teil der Kinder deutet sich ein erhöhter Unterstützungsbedarf an (vgl. Kapitel 3.1).

Schutzfaktoren einer erfolgreichen Übergangsbewältigung bzw. Möglichkeiten, Kinder mit Blick auf ihre Ressourcen für eine erfolgreiche Übergangsbewältigung zu stärken, ergeben sich erneut, wie dargestellt (vgl. Kapitel 3.2), auf einer individuellen Ebene (z. B. lernbereichsspezifische und -übergreifende Kompetenzen von Kindern), einer interaktionalen Ebene (z. B. Anwesenheit vertrauter Kinder in der neuen Klasse) und einer kontextuellen Ebene (z. B. Angebote zur Übergangsgestaltung durch KiTa und Grundschule). Ferner wurden Maßnahmen thematisiert, welche auf einer stärker systemisch bzw. institutionell angelegten Ebene das Ziel verfolgen, zur Gestaltung eines anschlussfähigen Übergangs von der KiTa in die Grundschule und somit auch zu einer anschlussfähigen Förderung von Kindern im Übergang beizutragen, wie die Entwicklung von bildungsstufenübergreifenden Bildungs- und Erziehungsplänen, Projekte zur bildungsstufenübergreifenden Förderung von Kindern (vgl. Kapitel 5) sowie Maßnahmen zur Neugestaltung der Schuleingangsphase (vgl. Kapitel 6). Nicht nur bezogen auf die zuletzt genannten Maßnahmen, sondern auch übergreifend scheint für die Gestaltung eines anschlussfähigen Übergangs (vgl. Kapitel 1.3) bzw. die Stärkung von

Kindern im Übergang (vgl. Kapitel 3.2) wiederum eine Kooperation aller am Übergangsprozess beteiligten Akteure (aus Familie, KiTa und Grundschule) eine elementare Grundlage zu bilden. Daher wurde auf mögliche Zielstellungen, Merkmale und Formen einer Kooperation ebenfalls ausführlich eingegangen, z. B. was die Kooperation unter pädagogischen Akteuren (u. a. Austausch über Kinder, ko-konstruktive Entwicklung gemeinsamer Konzepte), die Kooperation zwischen Eltern und pädagogischen Fachkräften (u. a. gemeinsame Elternabende, individuelle Elternberatung) oder auch Kooperationsaktivitäten unter direktem Einbezug der Kinder (u. a. Besuche von Vorschulkindern und pädagogischen Akteuren aus der KiTa in der zukünftigen Grundschule) anbelangt (vgl. Kapitel 4).

Im Fokus stand hierbei jeweils die Frage, wie Kinder für eine erfolgreiche Übergangsbewältigung gestärkt werden können (siehe oben).

Im Rahmen der Ausführungen zu ausgewählten Möglichkeiten der Kooperation von Familie, KiTa und Grundschule (vgl. Kapitel 4.2) und an einzelnen anderen Stellen des Bandes (vgl. u. a. Kapitel 1.2 und Kapitel 2) wurde ebenfalls darauf verwiesen, dass auch Eltern auf unterschiedlichen Ebenen mit Entwicklungsaufgaben im Übergang konfrontiert werden und den Übergang aktiv bewältigen müssen. In diesem Sinne wäre es wichtig, weiterführend zu verfolgen, welche *Elternstärken* sich für eine erfolgreiche Übergangsbewältigung als günstig erweisen (z. B. ein positives Selbstkonzept bezogen auf die eigene Elternrolle) und *wie Eltern* in diesem Kontext beispielsweise durch pädagogische Akteure oder auch andere Eltern gezielt sowohl für die eigene Übergangsbewältigung als auch für die Unterstützung ihrer Kinder im Übergangsprozess *gestärkt* bzw. selbst unterstützt *werden können* (z. B. durch Elternberatung, Angebote zur Elternbildung). Zur Übergangsbewältigung durch Eltern liegen bereits einzelne Veröffentlichungen und Forschungsprojekte vor (vgl. u. a. Andresen, Seddig & Künstler, 2013; Graßhoff, Ullrich, Binz, Pfaff & Schmenger, 2013; Griebel & Niesel, 2011; Griebel, Wildgruber, Held, Schuster & Nagel,

2013; Hiebel & Niesel, 2012). In diesem Kontext besteht allerdings weiterhin Forschungsbedarf. Ebenso ist an dieser Stelle auf die Relevanz zu verweisen, die *Stärken auf Seiten pädagogischer Akteure aus KiTa und Grundschule* in den Blick zu nehmen. Vielfältige Kompetenzen, die von ihrer Seite aus notwendig sind, um beispielsweise Eltern und Kinder in ihren individuellen Bewältigungsprozessen zu unterstützen und zu begleiten sowie mit den am Übergang beteiligten Akteursgruppen zu kooperieren, sind an entsprechenden Stellen im Band bereits angeklungen (vgl. insbesondere Kapitel 3.2 und Kapitel 4). Diese wären noch detaillierter und systematischer in den Blick zu nehmen. Anknüpfungspunkte hierzu bietet beispielsweise das Modell professioneller Handlungskompetenz, das im Kontext der COACTIV-Studie mit Blick auf Mathematiklehrkräfte entwickelt wurde (vgl. u. a. Krauss et al., 2004). So ist auch bezogen auf die Gestaltung des Übergangs von der KiTa in die Grundschule auf Seiten der beteiligten pädagogischen Akteure ein gewisses »Professionswissen« (ebd., S. 37) erforderlich, was sich im Sinne des Modells wiederum in die Kompetenzbereiche des Fachwissens (bezogen auf die Übergangsgestaltung: z. B. zum Transitionsmodell), des fachdidaktischen Wissens (bezogen auf die Übergangsgestaltung: z. B. Wissen über lernbereichsspezifische und -übergreifende Möglichkeiten der (Früh-) Diagnose und (Früh-) Förderung von Kindern), des pädagogischen Wissens (bezogen auf die Übergangsgestaltung: z. B. über Lern- und Entwicklungsprozesse sowie Herausforderungen von Kindern im Übergang), des Organisations- und Interaktionswissens (bezogen auf die Übergangsgestaltung: z. B. Wissen über die jeweils andere Institution oder auch soziale und kommunikative Kompetenzen als Grundlage für Kooperationsaktivitäten) und des Beratungswissens (bezogen auf die Übergangsgestaltung: z. B. mit Blick auf die Beratung von Eltern, anderen pädagogischen Akteuren oder auch Kindern) aufgliedern lässt.

Ebenso wird im Kontext des Modells professioneller Handlungskompetenz die Bedeutung berufsbezogener »Überzeugungen/Werthaltungen« (ebd., S. 37; vgl. hierzu u.a. auch Reusser, Pauli & Elmer, 2011) hervorgehoben. Mit Blick auf den Übergang von der KiTa in die Grundschule hat sich beispielsweise, neben weiteren Aspekten, eine gegenseitige Anerkennung und Wertschätzung der pädagogischen Akteure aus KiTa und Grundschule als eine förderliche Rahmenbedingung für eine gelingende Kooperation erwiesen (vgl. u. a. Hanke, Merkelbach, Rathmer & Zensen, 2009; vgl. Kapitel 4.2).

Zu weiteren Bereichen professioneller Handlungskompetenz zählen im Sinne des Modells auch bestimmte »motivationale Orientierungen« (Krauss et al., 2004, S. 37; bezogen auf die Übergangsgestaltung: z. B. Motivation zur Kooperation mit der jeweils anderen Institution) und »selbstregulative Fähigkeiten« (ebd., S. 37; bezogen auf die Übergangsgestaltung: z. B. Fähigkeit, mit den eigenen Ressourcen verantwortungsvoll umzugehen, insbesondere bei geringen zeitlichen und personellen Ressourcen für Kooperations- oder auch Förderaktivitäten etc.). Diese bilden eine wichtige Grundlage dafür, gewisse Zielvorstellungen (wie z. B. die Gestaltung eines anschlussfähigen Übergangs) über einen längeren Zeitraum aufrechterhalten und die eigenen Aktivitäten zum Erreichen der Ziele überwachen und regulieren zu können (vgl. Baumert & Kunter, 2006; bezogen auf die Übergangsgestaltung: z. B. auch mit Unterstützung von gemeinsamen Konferenzen und Teambesprechungen, Kooperationskalendern etc.).

Die skizzierten Kompetenzen bilden eine wichtige Grundlage für die in die Übergangsgestaltung involvierten pädagogischen Akteure, um beispielsweise kooperativ tätig zu werden oder auch Kinder sowie Eltern im Prozess ihrer Übergangsbewältigung zu unterstützen. Darüber hinaus erscheinen sie allerdings ebenfalls bedeutungsvoll für den Umgang mit persönlichen Herausforderungen, die auch für pädagogische Akteure mit dem Übergang von der KiTa in die Grundschule einhergehen, bislang im Fachdiskurs aber kaum thematisiert wurden. So geht dieser Übergang für die pädagogischen Akteure zwar nicht mit einem institutionellen Wechsel einher, aber mit vielfältigen anderen Veränderungen.

Übernimmt eine Lehrkraft beispielsweise im Anschluss an eine vierte Klasse die Klassenleitung eines ersten Schuljahres, muss sie sich u. a. auf kontextueller Ebene zunächst wieder auf veränderte curriculare Anforderungen einstellen oder z. B. auch gewisse Strukturen, Regeln und Rituale neu mit der Lerngruppe entwickeln (insbesondere in jahrgangsbezogenen Klassen), die in der 4. Klasse ggf. bereits etabliert waren. Das Aufgabenprofil der Lehrkraft verändert sich somit möglicherweise in bestimmten Bereichen, entsprechend der Spezifika des Anfangsunterrichts in der Grundschule (vgl. hierzu u. a. Hanke, 2007).

Was die interaktionale Ebene betrifft, müssen wiederum auch die in der KiTa tätigen pädagogischen Akteure z. B. Abschied von Kindern und Eltern nehmen und eine Beziehung zu neu in die Gruppe kommenden Kindern und Eltern aufbauen. Die Grundschullehrkräfte lernen wiederum neue Kinder und Eltern kennen und haben ggf. ebenfalls zuvor andere abgegeben. Auch sie sind somit in die Entwicklung neuer Gruppenkonstellationen involviert und müssen in diesem Kontext ihre eigene Position finden und etablieren.

In diesem Sinne werden auch auf individueller Ebene verschiedenste Herausforderungen an pädagogische Akteure gestellt, was z. B. die Regulation von Emotionen oder auch die Entwicklung von für die Übergangsgestaltung notwendigen Kompetenzen anbelangt (siehe oben). Als Basis für die Stärkung von Kindern, aber auch Eltern im Übergang erscheint es somit elementar, auch *pädagogische Akteure* in ihrer professionellen Handlungskompetenz und auch in ihrer Persönlichkeit *zu stärken*, z. B. im Rahmen (gemeinsamer) Aus- und Fortbildungsmaßnahmen (vgl. Kapitel 1.3) oder auch durch Möglichkeiten zur Kooperation mit anderen pädagogischen Akteuren unterschiedlicher Profession (vgl. Kapitel 4.2).

Insgesamt wird deutlich, dass der Übergang von der KiTa in die Grundschule im Sinne des Transitionsansatzes als ein ko-konstruktiver Prozess verstanden werden kann (vgl. u. a. Griebel & Niesel, 2011; vgl. Kapitel 1.2), der mit vielfältigen Herausforderungen, aber auch Entwicklungsimpulsen und Chancen verbunden ist und den es mit Blick auf und unter Einbezug aller beteiligten Akteursgruppen (Kind, Familie, KiTa und Grundschule) ressourcenorientiert zu gestalten gilt.

Literaturverzeichnis

Ahtola, A. et al. (2011). Transition to formal schooling: Do transition practices matter for academic performance? *Early Childhood Research Quaterly*, 26, 295–302.

Autorengruppe Bildungsberichterstattung (Hrsg.). (2014). *Bildung in Deutschland 2014. Ein indikatorengestützter Bericht mit einer Analyse zur Bildung von Menschen mit Behinderungen.* (http://www.bildungsbericht.de/daten 2014/bb_2014.pdf), Zugriff am 09.12.2014

Andresen, S., Seddig, N. & Künstler, S. (2013). Schulfähigkeit des Kindes und die Befähigung der Eltern. Empirische und normative Fragen an die »Einschulung« der Familie. *Bildungsforschung*, 1, 45–63.

Barth, K. (2012). *Die diagnostischen Einschätzskalen (DES) zur Beurteilung des Entwicklungsstandes und der Schulfähigkeit* (6. Auflage). München: Reinhardt.

Baumert, J. & Kunter, M. (2006). Stichwort Professionelle Kompetenz von Lehrkräften. *Zeitschrift für Erziehungswissenschaft*, 4, 469–520.

Beelmann, W. (2002). Entwicklungsrisiken und -chancen bei der Bewältigung normativer sozialer Übergänge im Kindesalter. In Ch. Leyendecker & T. Horstmann (Hrsg.), *Große Pläne für kleine Leute. Grundlagen, Konzepte und Praxis der Frühförderung* (S. 71–77). München und Basel: Ernst Reinhardt.

Bieber, G., Liebers, K. & Prengel, A. (2007). Evaluation der flexiblen Schuleingangsphase FLEX im Land Brandenburg in den Jahren 2004–2006. Kurzfassung der wichtigsten Ergebnisse der FLEX-Evaluation. Ludwigsfelde-Struveshof: Landesinstitut für Schule und Medien Berlin-Brandenburg. (http://bildungsserver.berlin-brandenburg.de/fileadmin/bbb/unterricht/rah¬menlehrplaene_und_curriculare_materialien/grundschule/flex/FLEX2007_Ergebnisse.pdf), Zugriff am 26.11.2014

Blaschke, G. (2012). *Schule schnuppern. Eine videobasierte Studie zum Übergang in die Grundschule.* Opladen, Berlin & Toronto: Verlag Barbara Budrich.

Bos, W. & Scharenberg, K. (2010). Lernentwicklung in leistungshomogenen und -heterogenen Schulklassen. In W. Bos, E. Klieme & O. Köller (Hrsg.), *Schulische Lerngelegenheiten und Kompetenzentwicklung. Festschrift für Jürgen Baumert* (S. 173–194). Münster: Waxmann.

Bos, W. et al. (2007). Internationaler Vergleich 2006: Lesekompetenzen von Schülerinnen und Schülern am Ende der vierten Jahrgangsstufe. In W. Bos et al. (Hrsg.), *IGLU 2006. Lesekompetenzen von Grundschulkindern in Deutschland im internationalen Vergleich* (S. 108–160). Münster: Waxmann.

Brinkmann, E. & Brügelmann, H. (1998). *Ideen-Kiste 1. Schrift-Sprache. Offenheit mit Sicherheit. Vom Lernen, Schrift zu entdecken, Schrift zu gebrauchen, Schrift zu verstehen, und was der Unterricht dazu tun kann.* Hamburg: vpm.

Bronfenbrenner, U. (1989). *Die Ökologie der menschlichen Entwicklung.* Frankfurt am Main: Fischer.

Brügelmann, H. (2001). Individualisierung. *Die Grundschulzeitschrift*, 145, 52–53.

Büker, P., Kordulla, A. & Pollmann, A. (2011). Eine neue Didaktik für den Übergang? KiTa- und Grundschulkinder forschen gemeinsam. *Die Grundschulzeitschrift*, 250, 42–45.

Bundesministerium für Bildung und Forschung (BMBF) (Hrsg.). (2004). *Konzeptionelle Grundlagen für einen Nationalen Bildungsbericht – Non-formale und informelle Bildung im Kindes- und Jungendalter* (Bildungsreform, Band 6). Berlin: BMBF.

Cierpka, M. (Hrsg.). (2004a). *Faustlos – Ein Curriculum zur Förderung sozial-emotionaler Kompetenzen und zur Gewaltprävention für den Kindergarten.* Göttingen: Hogrefe.

Cierpka, M. (Hrsg.). (2004b): *Faustlos – Ein Curriculum zur Prävention von aggressivem und gewaltbereitem Verhalten bei Kindern der Klasse 1 bis 3.* Göttingen: Hogrefe.

Dehn, M. (2007). *Kinder & Lesen und Schreiben. Was Erwachsene wissen sollten.* Seelze-Velber: Kallmeyer Verlag in Verbindung mit Klett.

Dehn, M. (2008). Literacy und Lernvoraussetzungen am Schulanfang. *Die Grundschulzeitschrift*, 215.216, 28–33.

Denner, L. & Rappenecker, J. (2012). Mit welchen Vorstellungen moderieren Lehrerinnen und Lehrer den Übergang in die Grundschule? Theoretische und empirische Perspektiven. *Karlsruher pädagogische Beiträge*, 81, 30–43.

Denner, L. & Schumacher, E. (2014). *Übergänge in Schule und Lehrerbildung. Theorie – Übergangsdidaktik – Praxis.* Stuttgart: Kohlhammer.

Dockett, S. & Perry, B. (2004). Starting School. Perspectives of Australian Children, Parents and Educators. *Journal of Early Childhood Research*, 2, 171–189.

Dollase, R. (2000). Reif für die Schule? *Kinderzeit*, 2, 5–8.

Dollinger, S. & Odersky, E. (2012). Das Münchener Projekt LuKS – Gemeinsame Lernwerkstätten für Kindergarten- und Grundschulkinder. In S. Pohlmann-Rother & U. Franz (Hrsg.), *Kooperation von KiTa und Grundschule. Eine Herausforderung für das pädagogische Personal* (S. 267–277). Köln: Carl Link.

Eckerth, M. & Hanke, P. (2009). Jahrgangsübergreifender Unterricht: Ein Überblick über den nationalen und internationalen Forschungsstand. *Zeitschrift für Grundschulforschung. Bildung im Elementar- und Primarbereich*, 1, 7–19.

Eckerth, M., Hanke, P. & Hein, A. K. (2012). Schutzfaktoren zur Unterstützung der Übergangsbewältigung von der Kindertageseinrichtung in die Grundschule – Ergebnisse aus dem FiS-Projekt. In S. Pohlmann-Rother & U. Franz (Hrsg.), *Kooperation von KiTa und Grundschule. Eine Herausforderung für das pädagogische Personal* (S. 57–70). Köln: Carl Link.

Eckerth, M., Hanke, P. & Hein, A. K. (2014). Entwicklung von Kindern im mathematischen Bereich im Übergang von der Kindertageseinrichtung in die Grundschule – Ergebnisse aus dem FiS-Projekt. In B. Kopp et al. (Hrsg.), *Individuelle Förderung und Lernen in der Gemeinschaft* (Jahrbuch Grundschulforschung, Band 17) (S. 262–265). Wiesbaden: Springer VS.

Eckerth, M., Hein, A. K. & Hanke, P. (2011). Analysen der sozial-emotionalen Entwicklung von Kindern im Übergang von der Kita zur Grundschule am Beispiel des Selbstkonzepts der Schulfähigkeit – Ergebnisse aus dem FiS-Projekt. In D. Kucharz, Th. Irion & B. Reinhoffer (Hrsg.), *Grundlegende Bildung ohne Brüche* (Jahrbuch Grundschulforschung, Band 15) (S. 91–94). Wiesbaden: Springer VS.

Einarsdóttir, J. (2003). Charting a smooth course: Transition from playschool to primary school in Iceland. In S. Broström & J. T. Wagner (Hrsg.), *Early childhood education in fire Nordic countries* (S. 101–127). Arhus: DK: Systime Academic.

Einarsdóttir, J. (2011). Icelandic children's early education transition experiences. *Early Education and Development*, 5, 739–756.

Ennemoser, M., Marx, P., Weber, J. & Schneider, W. (2012). Spezifische Vorläuferfähigkeiten der Lesegeschwindigkeit, des Leseverständnisses und des Rechtschreibens. Evidenz aus zwei Längsschnittstudien vom Kindergarten bis zur 4. Klasse. *Zeitschrift für Entwicklungspsychologie und Pädagogische Psychologie*, 2, 53–67.

Erziehungsdirektoren-Konferenz der Ostschweizer Kantone und des Fürstentums Liechtenstein (EDK Ost) (Hrsg.). (2010). *EDK-Ost 4bis8. Projektschlussbericht*. Bern: Schulverlag plus.

Faust, G. & Roßbach, H.-G. (2004). Der Übergang vom Kindergarten in die Grundschule. In L. Denner & E. Schumacher (Hrsg.), *Übergänge im Elementar- und Primarbereich reflektieren und gestalten. Beiträge zu einer grundlegenden Bildung* (S. 91–105). Bad Heilbrunn: Klinkhardt.

Faust, G. (2006). Die neue Schuleingangsstufe und die Einschulung in den Bundesländern – eine aktuelle Bestandsaufnahme. In R. Hinz & B. Schumacher (Hrsg.), *Auf den Anfang kommt es an. Kompetenzen entwickeln – Kompetenzen stärken* (Jahrbuch Grundschulforschung, Band 10) (S. 173–198). Wiesbaden: VS Verlag für Sozialwissenschaften.

Faust, G. (2008). Übergänge gestalten – Übergänge bewältigen. Zum Übergang vom Kindergarten in die Grundschule. In W. Thole, H.-G. Roßbach, M. Fölling-Albers & R. Tippelt (Hrsg.), *Bildung und Kindheit. Pädagogik der Frühen Kindheit in Wissenschaft und Lehre* (S. 225–240). Opladen & Farmington Hills: Budrich.

Faust, G. (2012). Zur Bedeutung des Schuleintritts für die Kinder – für eine wirkungsvolle Kooperation von Kindergarten und Grundschule. In S. Pohlmann-Rother & U. Franz (Hrsg.), *Kooperation von KiTa und Grundschule. Eine Herausforderung für das pädagogische Personal* (S. 11–21). Köln: Carl Link.

Faust, G. (2013). Forschungsstand zur Einschulung und Beitrag der BiKS-Einschulungsuntersuchungen. In G. Faust (Hrsg.), *Einschulung. Ergebnisse aus der Studie »Bildungsprozesse, Kompetenzentwicklung und Selektionsentscheidungen im Vorschul- und Schulalter (BiKS)«* (S. 9–32). Münster: Waxmann.

Faust, G., Hanke, P. & Dohe, C. (2010). Merkmale und Akzeptanz der neuen Schuleingangsstufe im Bundesländervergleich. In W. Bos et al. (Hrsg.), *IGLU 2006 – die Grundschule auf dem Prüfstand. Vertiefende Analysen zu Rahmenbedingungen schulischen Lernens* (S. 231–252). Münster: Waxmann.

Faust, G., Wehner, F. & Kratzmann, J. (2013). Kooperation von Kindergarten und Grundschule. In G. Faust (Hrsg.), *Einschulung. Ergebnisse aus der Studie »Bildungsprozesse, Kompetenzentwicklung und Selektionsentscheidungen im Vorschul- und Schulalter (BiKS)«* (S. 137–152). Münster: Waxmann.

Filipp, H.-S. (1995). Ein allgemeines Modell für die Analyse kritischer Lebensereignisse. In H.-S. Filipp (Hrsg.), *Kritische Lebensereignisse* (3. Auflage) (S. 3–52). Weinheim: Beltz Psychologie-Verlags-Union.

Frank, A. & Martschinke, S. (2012). Förderung emotionaler, personaler und sozialer Kompetenzen in Kindertagesstätten und Grundschule. In S. Pohlmann-Rother & U. Franz (Hrsg.), *Kooperation von KiTa und Grundschule.*

Eine Herausforderung für das pädagogische Personal (S. 137–153). Köln: Carl Link.

Frank, A., Martschinke, S., Munser-Kiefer, M. & Kopp, B. (2010). »Starke Kinder haben einen starken Anfang« – eine Interventionsstudie zur Stärkung emotionaler, personaler und sozialer Kompetenzen für den Übergang vom Kindergarten in die Grundschule. In K.-H. Arnold, K. Hauenschild, B. Schmidt & B. Ziegenmeyer (Hrsg.), *Zwischen Fachdidaktik und Stufendidaktik. Perspektiven für die Grundschulpädagogik* (Jahrbuch Grundschulforschung, Band 14) (S. 47–50). Wiesbaden: VS Verlag für Sozialwissenschaften.

Fritz, A., Ricken, G. & Balzer, L. (2009). Warum fällt manchen Kindern das Rechnen schwer? Entwicklung arithmetischer Kompetenzen im Vor- und frühen Grundschulalter. In A. Fritz & S. Schmidt (Hrsg.), *Fördernder Mathematikunterricht in der Sekundarstufe I. Rechenschwierigkeiten erkennen und überwinden* (S. 12–28). Weinheim & Basel: Beltz.

Fröse, S., Mölders, R. & Wallrodt, W. (1986). *Beiheft zum Kieler Einschulungsverfahren.* Weinheim: Beltz Test.

Fthenakis, W.E. (1999). Transitionspsychologische Grundlagen des Übergangs zur Elternschaft. In Deutscher Familienverband (Hrsg.), *Handbuch Elternbildung. Band 1: Wenn aus Partnern Eltern werden* (S. 31–86). Opladen: Leske + Budrich.

Götz, M. & Krenig, K. (2014). Jahrgangsmischung in der Grundschule. In W. Einsiedler, et al. (Hrsg.), *Handbuch Grundschulpädagogik und Grundschuldidaktik* (4., ergänzte und aktualisierte Auflage) (S. 92–98). Bad Heilbrunn: Verlag Julius Klinkhardt.

Götz, M. (2014). Schuleingangsstufe. In W. Einsiedler, M. Götz, A. Hartinger, F. Heinzel, J. Kahlert & U. Sandfuchs (Hrsg.), *Handbuch Grundschulpädagogik und Grundschuldidaktik* (4., ergänzte und aktualisierte Auflage) (S. 82–92). Bad Heilbrunn: Verlag Julius Klinkhardt.

Gräsel, C., Fußangel, K. & Pröbstel, C. (2006). Lehrkräfte zur Kooperation anregen – eine Aufgabe für Sisyphos? *Zeitschrift für Pädagogik*, 2, 205–219.

Graßhoff, G., Ullrich, H., Binz, Ch., Pfaff, A. & Schmenger, S. (2013). *Eltern als Akteure im Prozess des Übergangs vom Kindergarten in die Grundschule.* Wiesbaden: Springer VS.

Griebel, W. & Niesel, R. (2002). *Abschied vom Kindergarten. Start in die Schule.* München: Don Bosco.

Griebel, W. & Niesel, R. (2003). Die Bewältigung des Übergangs vom Kindergarten in die Grundschule. In W. E. Fthenakis (Hrsg.), *Elementarpädagogik nach PISA. Wie aus Kindertagesstätten Bildungseinrichtungen werden können* (S. 136–151). Freiburg: Herder.

Griebel, W. & Niesel, R. (2004). *Transitionen. Fähigkeit von Kindern in Tageseinrichtungen fördern, Veränderungen erfolgreich zu bewältigen.* Weinheim & Basel: Beltz.

Griebel, W. & Niesel, R. (2007). Forschungsergebnisse und pädagogische Ansätze zur Ausgestaltung des Übergangs vom Kindergarten zur Grundschule. In Bundesministerium für Bildung und Forschung (BMBF) (Hrsg.), *Auf den Anfang kommt es an: Perspektiven für eine Neuorientierung frühkindlicher Bildung* (Bildungsforschung, Band 16) (S. 191–251). Bonn: BMBF.

Griebel, W. & Niesel, R. (2011). *Übergänge verstehen und begleiten. Transitionen in der Bildungslaufbahn von Kindern.* Berlin: Cornelsen.

Griebel, W., Wildgruber, A., Held, J., Schuster, A. & Nagel, B. (2013). Partizipation im Übergangsmanagement von Kitas und Schule: Eltern als Ressource. *bildungsforschung*, 1, 26–44.

Grotz, T. (2005). *Die Bewältigung des Übergangs vom Kindergarten zur Grundschule. Zur Bedeutung kindbezogener, familienbezogener und institutionenbezogener Schutz- und Risikofaktoren im Übergangsprozess.* Hamburg: Dr. Kovač.

Hacker, H. (2001). Die Anschlussfähigkeit von Kindergarten und Grundschule. In G. Faust-Siehl & A. Speck-Hamdan (Hrsg.), *Schulanfang ohne Umwege. Mehr Flexibilität im Bildungswesen* (S. 80–94). Frankfurt am Main: Grundschulverband – Arbeitskreis Grundschule e. V.

Hacker, H. (2014). Die Anschlussfähigkeit von Kindertagesstätte und Grundschule. In W. Einsiedler et al. (Hrsg.), *Handbuch Grundschulpädagogik und Grundschuldidaktik* (4., ergänzte und aktualisierte Auflage) (S. 262–266). Bad Heilbrunn: Verlag Julius Klinkhardt.

Hanke, P. & Hein, A. K. (2010). Der Übergang zur Grundschule als Forschungsthema. In A. Diller, H. R. Leu & Th. Rauschenbach (Hrsg.), *Wie viel Schule verträgt der Kindergarten? Annäherung zweier Lernwelten* (S. 91–109). München: Verlag Deutsches Jugendinstitut.

Hanke, P. (2007). *Anfangsunterricht. Leben und Lernen in der Schuleingangsphase* (2., erweiterte Auflage). Weinheim & Basel: Beltz.

Hanke, P., Backhaus, J. & Bogatz, A. (2013). *Den Übergang gemeinsam gestalten. Kooperation und Bildungsdokumentation im Übergang von der Kindertageseinrichtung in die Grundschule.* Münster: Waxmann.

Hanke, P., Merkelbach, I., Rathmer, B. & Zensen, I. (2009). Nordrhein-Westfalen. Evaluation der Kooperationspraxis. In Lenkungsgruppe TransKiGs (Hrsg.), *Übergang Kita – Schule zwischen Kontinuität und Herausforderung. Materialien, Instrumente und Ergebnisse des TransKiGs-Verbundprojekts* (S. 40–47). Weimar: verlag das netz.

Hanke, P., Backhaus, J., Bogatz, A. & Tahan, M. (Hrsg.) (i.V.). *Übergang – Kooperation – Bildungsdokumentation*. Münster: Waxmann.

Hasselhorn, M. & Gold., A. (2009). *Pädagogische Psychologie. Erfolgreiches Lernen und Lehren* (2., durchgesehene Auflage). Stuttgart: Kohlhammer.

Hasselhorn, M. & Kuger, S. (2014). Wirksamkeit schulrelevanter Förderung in Kindertagesstätten. *Zeitschrift für Erziehungswissenschaft*, 17, 299–314.

Hattie, J. (2009). *Visible learning: a synthesis of over 800 meta-analyses relating to achievement.* London: Routledge.

Hein, A. K., Eckerth, M. & Hanke, P. (2011). Die Bewältigung des Übergangs von der Kita in die Grundschule durch Kinder aus der Sicht von Erzieherinnen, Erziehern und Eltern – Ergebnisse aus dem FiS-Projekt. In D. Ducharz, Th. Irion & B. Reinhoffer (Hrsg.), *Grundlegende Bildung ohne Brüche* (Jahrbuch Grundschulforschung, Band 15) (S. 95–98). Wiesbaden: VS Verlag für Sozialwissenschaften.

Hellmich, F. (2007). Bedingungen anschlussfähiger Bildungsprozesse von Kindern beim Übergang vom Kindergarten in die Grundschule. In U. Carle & D. Wenzel: »*Frühes Lernen*«. (http://bildungsforschung.org/index.php/bildungsforschung/article/download/59/62), Zugriff am 20.11.2014

Helmke, A. (1997). Individuelle Bedingungsfaktoren der Schulleitung: Ergebnisse aus dem SCHOLASTIK-Projekt. In F. E. Weinert & A. Helmke (Hrsg.), *Entwicklung im Grundschulalter* (S. 203–2016). Weinheim: Beltz Psychologie Verlags Union.

Helmke, A. (1998). Vom Optimisten zum Realisten? Zur Entwicklung des Fähigkeitsselbstkonzeptes vom Kindergarten bis zur 6. Klassenstufe. In F.E. Weinert (Hrsg.), *Entwicklung im Kindesalter* (S. 115–132). Weinheim: Beltz Psychologie Verlags Union.

Helmke, A. (2012). *Unterrichtsqualität und Lehrerprofessionalität. Diagnose, Evaluation und Verbesserung des Unterrichts* (4. Auflage). Seelze-Velber: Kallmeyer in Verbindung mit Klett.

Helsper, W. & Hummrich, M. (2014). Die Lehrer-Schüler-Beziehung. In C. Tillack, N. Fischer, D. Raufelder & J. Fetzer (Hrsg.), *Beziehungen in Schule und Unterricht. Teil 1: Theoretische Grundlagen und praktische Gestaltungen pädagogischer Beziehungen* (S. 32–52). Immenhausen: Prolog Verlag.

Henke, V. (2014). *Kooperation zwischen Kita-Fachkräften und Grundschullehrkräften im Rahmen einer gemeinsamen Literacy-Fortbildung (Projekt LibelLe).* Bislang unveröffentlichter Vortrag im Rahmen des 24. Kongresses der DGfE »Traditionen und Zukünfte« am 10. März 2014 an der Humboldt Universität zu Berlin.

Hessisches Ministerium für Soziales und Integration & Hessisches Kultusministerium (Hrsg.). (2014). *Bildung von Anfang an. Bildungs- und Erzie-*

hungsplan für Kinder von 0 bis 10 Jahren in Hessen (6. Auflage). (http://www.bep.hessen.de/irj/BEP_Internet), Zugriff am 20.12.2014

Hiebl, P. & Niesel, R. (2012). Eltern im Prozess des Übergangs von der Kita in die Schule. Anregungen zur Zusammenarbeit von Eltern, Kita und Schule. In S. Pohlmann-Rother & U. Franz (Hrsg.), *Kooperation von KiTa und Grundschule. Eine Herausforderung für das pädagogische Personal* (S. 251–264). Köln: Carl Link.

Hielscher, K. (2010). »Das heißt, dass man schon groß ist«. Kinder äußern sich zur Vorschule. *Klein & groß*, 7/8, 20–21.

Hillenbrand, C., Hennemann, Th. & Heckler-Schell, A. (2009). *»Lubo aus dem All!« – Vorschulalter. Programm zur Förderung sozial-emotionaler Kompetenzen.* München: Reinhardt.

Hillenbrand, C., Hennemann, Th., Hens, S. & Hövel, D. (2013). *»Lubo aus dem All!« – 1. und 2. Klasse. Programm zur Förderung sozial-emotionaler Kompetenzen* (2., überarbeitete und erweiterte Auflage). München: Reinhardt.

Hinz, R. (2005). Neugestaltung der Schuleingangsphase. In F. Hellmich (Hrsg.), *Lehren und Lernen nach IGLU. Grundschulunterricht heute* (S. 71–86). Oldenburg: Didaktisches Zentrum der Universität Oldenburg.

Hoffsommer, J. & Ramseger, J. (2012). Übergänge gelingen. Erfahrungen aus dem Programm »ponte. Kindergärten und Grundschulen auf neuen Wegen«. In S. Pohlmann-Rother & U. Franz (Hrsg.), *Kooperation von KiTa und Grundschule. Eine Herausforderung für das pädagogische Personal* (S. 189–199). Köln: Carl Link.

Höke, J. (2013). *Professionalisierung durch Kooperation. Chancen und Grenzen der Zusammenarbeit von Kindergarten und Grundschule.* Münster: Waxmann.

Holen, S., Waaktaar, T., Lervag, A. & Ystgaard, M. (2012). The Effectiveness of a Universal School-Based Programme on Coping and Mental Health. A Randomised, Controlled Study of Zippy' Friends. *Educational Psychology*, 5, 657–677.

Institut für soziale Arbeit e. V. (ISA e. V.) (Hrsg.). (2012). *Mehr Chancen durch Bildung von Anfang an Erprobung der Grundsätze zur Bildungsförderung Erfahrungen aus der Praxis.* Münster: Institut für soziale Arbeit e. V.

Jugendministerkonferenz (JMK) & Kultusministerkonferenz (KMK) (2004a). *Gemeinsamer Rahmen der Länder für die frühe Bildung in Kindertageseinrichtungen.* (http://www.kmk.org/fileadmin/veroeffentlichungen_beschluesse/2004/2004_06_03-Fruehe-Bildung-Kindertageseinrichtungen.pdf), Zugriff am 21.11.2014

Jugendministerkonferenz (JMK) & Kultusministerkonferenz (KMK) (2004a). *Gemeinsamer Rahmen der Länder für die frühe Bildung in Kindertagesein-*

richtungen. http://www.kmk.org/fileadmin/veroeffentlichungen_beschlues¬se/2004/2004_06_04-Fruehe-Bildung-Kitas.pdf), Zugriff am 21.12.2014

Jugendministerkonferenz (JMK) & Kultusministerkonferenz (KMK) (2004b). *Zusammenarbeit von Schule und Jugendhilfe zur »Stärkung und Weiterentwicklung des Gesamtzusammenhangs von Bildung, Erziehung und Betreuung«.* (http://www.kmk.org/fileadmin/veroeffentlichungen_beschlues¬se/2004/2004_06_04_Zusammenarbeit_Schule_Jugendhilfe.pdf), Zugriff am 12.12.2014

Jürgens, E. (2013). Übergänge im Blick. Bildungsbiografische Anschlussfähigkeit zwischen Kita und Grundschule. *Grundschulunterricht Deutsch,* 2, 4–6.

Kammermeyer, G. (2000). *Schulfähigkeit – Kriterien und diagnostische/prognostische Kompetenz von Lehrerinnen, Lehrern und Erzieherinnen.* Bad Heilbrunn: Julius Klinkhardt.

Kammermeyer, G. (2001). Schulfähigkeit. In G. Faust-Siehl & A. Speck-Hamdan (Hrsg.), *Schulanfang ohne Umwege. Mehr Flexibilität im Bildungswesen* (S. 96–118). Frankfurt am Main: Arbeitskreis Grundschulverband – Arbeitskreis Grundschule e. V.

Kammermeyer, G. (2005). Schulfähigkeit. In R. Christiani (Hrsg.), *Schuleingangsphase neu gestalten. Diagnostisches Vorgehen, differenziertes Fördern und Förderpläne, jahrgangsübergreifendes Unterrichten* (3. Auflage) (S. 54–64). Berlin: Cornelsen Scriptor.

Kammermeyer, G. (2014). Schulfähigkeit und Schuleingangsdiagnostik. In W. Einsiedler et al. (Hrsg.), *Handbuch Grundschulpädagogik und Grundschuldidaktik* (4., ergänzte und aktualisierte Auflage) (S. 295–301). Bad Heilbrunn: Verlag Julius Klinkhardt.

Kammermeyer, G. (i.D.). Kooperation und Bildungsdokumentation im Übergang vom Elementar- zum Primarbereich. In P. Hanke, P., J. Backhaus, A. Bogatz & M. Tahan (Hrsg.) (i.V.). *Übergang – Kooperation – Bildungsdokumentation.* Münster: Waxmann.

Kasanmascheff, I. & Martschinke, S. (2014). *»Die Mama hat das gesagt. Und das stimmt auch.« Die Entwicklung von Vor- und Einstellungen zur Schule aus Kindersicht.* Bislang unveröffentlichter Vortrag im Rahmen der 23. Jahrestagung der DGfE- Kommission Grundschulforschung und Pädagogik der Primarstufe am 01. Oktober 2014 an der Universität Leipzig.

Kasüschke, D. (2015). *KinderStärken in der Kindertageseinrichtund.* In: Büker, P. (Hrsg.): *Kinderstärken – Kinder stärken.* (S. 101–111). Stuttgart: Kohlhammer.

Klucznoik, K. (2012). *Die vorzeitige Einschulung. Eine empirische Analyse zum Verlauf und zu Determinanten der Einschulungsentscheidung.* Münster: Waxmann.

Kluczniok, K., Roßbach, H.-G. & Große, Ch. (2010). Fördermöglichkeiten im Kindergarten. Ein Systematisierungsversuch. In A. Diller, H. R. Leu & Th. Rauschenbach (Hrsg.), *Wie viel Schule verträgt der Kindergarten? Annäherung zweier Lernwelten* (S. 133–152). München: Verlag Deutsches Jugendinstitut.

Knauf, T. (2009). *Einführung in die Grundschuldidaktik. Lernen, Entwicklungsförderung und Erfahrungswelten in der Primarstufe* (2., überarbeitete Auflage). Stuttgart: Kohlhammer.

Knörzer, W., Grass, K. & Schumacher, E. (2007). *Den Anfang der Schulzeit pädagogisch gestalten. Studien- und Arbeitsbuch für den Anfangsunterricht* (6., überarbeitete und ergänzte Auflage). Weinheim & Basel: Beltz.

Kordulla, A. & Büker, P. (i.V.). *Kinderstärken wahrnehmen, dokumentieren und rückmelden*. Stuttgart: Kohlhammer.

Kordulla, A. (2014). Kita- und Grundschulkinder lernen zusammen. Altersmischung in kooperativen Settings aus Kindersicht. In B. Kopp et al. (Hrsg.), *Individuelle Förderung und Lernen in der Gemeinschaft* (Jahrbuch Grundschulforschung, Band 17) (S. 174–177). Wiesbaden: Springer VS.

Krajewski, K. & Scheider, W. (2006). Mathematische Vorläuferfähigkeiten im Vorschulalter und ihre Vorhersagekraft für die Mathematikleistungen bis zum Ende der Grundschulzeit. *Psychologie in Erziehung und Unterricht*, 53, 246–262.

Krajewski, K., Grüßing, M. & Peter-Koop, A. (2009). Die Entwicklung mathematischer Kompetenzen bis zum Beginn der Grundschulzeit. In A. Heinze & M. Grüßling (Hrsg.), *Mathematiklernen vom Kindergarten bis zum Studium. Kontinuität und Kohärenz als Herausforderung für den Mathematikunterricht* (S. 17–34). Münster: Waxmann.

Kratzmann, T. (2012). Kinder auf ihrem Weg ins (Schul)leben begleiten – alltagsintegrierte und situationsorientierte Schulvorbereitung im Kindergarten von Anfang an. In S. Pohlmann-Rother & U. Franz (Hrsg.), *Kooperation von KiTa und Grundschule. Eine Herausforderung für das pädagogische Personal* (S. 291–302). Köln: Carl Link.

Krauss, St. et al. (2004): COACTIV: Professionswissen von Lehrkräften, kognitiv aktivierender Mathematikunterricht und die Entwicklung von mathematischer Kompetenz. In J. Doll & M. Prenzel (Hrsg.), *Bildungsqualität von Schule: Lehrerprofessionalisierung, Unterrichtsentwicklung und Schülerförderung als Strategien der Qualitätsverbesserung* (S. 31–53). Münster: Waxmann.

Kulturministerium des Freistaats Thüringen (Hrsg.). (2008). *Thüringer Bildungsplan für Kinder bis 10 Jahre*. Weimar & Berlin: verlag das netz.

Küppers, H. (2014). Die etwas andere Form des Kindergartens. Basisschool statt Kita in den Niederlanden. *klein & groß*, 02–03, 42–45.

Küspert, P. & Schneider, W. (2006). *Hören, lauschen, lernen. Sprachspiele für Kinder im Vorschulalter. Würzburger Trainingsprogramm zur Vorbereitung auf den Erwerb der Schriftsprache* (überarbeitete 5. Auflage). Göttingen: Vandenhoeck & Ruprecht.

Landesinstitut für Schule und Medien Berlin-Brandenburg (LISUM) (2003). *FLEX-Handbuch 1. Standards und Kriterien der pädagogischen Arbeit an Schulen mit flexibler Schuleingangsphase.* Ludwigsfelde-Struveshof: Landesinstitut für Schule und Medien Berlin-Brandenburg. (http://bildungs¬server.berlin-brandenburg.de/fileadmin/bbb/unterricht/rahmenlehrplaene_und_curriculare_materialien/grundschule/flex/flex_1.pdf), Zugriff am 26.11.2014

Lazarus, R. S. (1995). Stress und Stressbewältigung. In H.-S. Filipp (Hrsg.), *Kritische Lebensereignisse* (3. Auflage) (S. 198–232). Weinheim: Beltz Psychologie-Verlags-Union.

Lehrl, S. & Richter, D. (2012).»Schule macht Spaß!« Anstrengungsbereitschaft und Lernfreude in der Grundschule. *Die Grundschulzeitschrift*, 254. 6–8.

Lichtblau, M., Thoms, S. & Werning, R. (2013). Kooperation zwischen Kindergarten und Schule zur Förderung der kindlichen Interessenentwicklung. In R. Werning & A.-K. Arndt (Hrsg.), *Inklusion: Kooperation und Unterricht entwickeln* (S. 200–220). Bad Heilbrunn: Klinkhardt.

Liebers, K. & Kowalski, D. (2007). *Kooperation von Kindertageseinrichtungen und Grundschulen beim Übergang. Ergebnisse einer repräsentativen Befragung im Land Brandenburg zur Umsetzung des § 15 der Grundschulverordnung zur Kooperation von Kita und Schule beim Übergang.* Ludwigsfelde-Struveshof: Landesinstitut für Schule und Medien Berlin-Brandenburg. (http://www.bildung-brandenburg.de/transkigs/fileadmin/user/redakteur/Brandenburg/Befragung___bergang_BB.pdf), Zugriff am 19.11.2014

Liebers, K. (2008). *Kinder in der flexiblen Schuleingangsphase. Perspektiven für einen gelingenden Schulstart.* Wiesbaden: VS Verlag für Sozialwissenschaften.

Lingenauber, S. (2008). Übergang Kindertageseinrichtung/Grundschule. In S. Lingenauber (Hrsg.), *Handlexikon der Integrationspädagogik* (Band 1, Kindertageseinrichtung) (S. 198–203). Bochum & Freiburg: Projekt.

LoCasale-Crouch, J., Mashburn, A.J., Downer, J. T. & Pianta, R. C. (2008). Pre-Kindergarten teacher's use of transition practices and children's adjustment to kindergarten. *Early Childhood Research Quarterly*, 23, 124–139.

Lüschen, I. & Kaiser, A. (2014). Gemeinsam »Das Miteinander lernen« – Sachlernen in altersübergreifenden Lernsettings. In B. Kopp et al. (Hrsg.), *Individuelle Förderung und Lernen in der Gemeinschaft* (Jahrbuch Grundschulforschung, Band 17) (S. 110–113). Wiesbaden: Springer VS.

Martschinke, S. & Frank, A. (2012). Das Nürnberger Übergangsprojekt für Kindertagesstätte und Grundschule – Emotionale, personale und soziale Kompetenzen als wichtige Ressourcen für eine gelingende Übergangsbewältigung. In S. Pohlmann-Rother & U. Franz (Hrsg.), *Kooperation von KiTa und Grundschule. Eine Herausforderung für das pädagogische Personal* (S. 157–173). Köln: Carl Link.

Martschinke, S. & Kammermeyer, G. (2003). Jedes Kind ist anders. Jede Klasse ist anders. Ergebnisse aus dem KILIA-Projekt zur Heterogenität im Anfangsunterricht. *Zeitschrift für Erziehungswissenschaft*, 2, 257–275.

Meyer, H. (2014). *Was ist guter Unterricht?* (10. Auflage). Berlin: Cornelsen Scriptor.

Miller, S. & Velten, K. (2015). *KinderStärken in der Grundschule*. In: Büker, P. (Hrsg.): Kinderstärken – Kinder stärken. (S. 123–133). Stuttgart: Kohlhammer.

Ministerium für Bildung, Jugend und Sport des Landes Brandenburg (Hrsg.). (2009). *Gemeinsamer Orientierungsrahmen für die Bildung in Kindertagesbetreuung und Grundschule. Zwei Bildungseinrichtungen in gemeinsamer Bildungsverantwortung beim Übergang vom Elementarbereich in den Primarbereich* (2., vollständig überarbeitete und erweiterte Auflage mit DVD). Weimar & Berlin: verlag das netz.

Ministerium für Bildung, Wissenschaft und Kultur Mecklenburg-Vorpommern (Hrsg.). (2011). *Bildungskonzeption für 0- bis 10-jährige Kinder in Mecklenburg-Vorpommern. Zur Arbeit in Kindertageseinrichtungen und Kindertagespflege.* (http://www.bildung-mv.de/fruehkindliche-bildung/bildungskonzeption-fuer-0-bis-10jaehrige/), Zugriff am 20.12.2014

Ministerium für Kultus, Jugend und Sport Baden-Württemberg (Kultusministerium BW) (Hrsg.). (2006). *Schulanfang auf neuen Wegen. Abschlussbericht zum Modellprojekt.* (http://www.km-bw.de/site/pbs-bw-new/get/documents/KULTUS.Dachmandant/KULTUS/kultusportal-bw/zzz_pdf/Abschlussbericht_24-07.pdf), Zugriff am 21.12.2014

Ministerium für Schule und Weiterbildung des Landes Nordrhein-Westfalen & Ministerium für Familie, Kinder, Jugend, Kultur und Sport des Landes Nordrhein-Westfalen (MSW & MFKJK NRW) (Hrsg.). (2011). *Mehr Chancen durch Bildung von Anfang an. Entwurf. Grundsätze zur Bildungsförderung für Kinder von 0 bis 10 Jahren in Kindertageseinrichtungen und Schulen im Primarbereich in Nordrhein-Westfalen.* Düsseldorf. (http://

www.bildungsgrundsaetze.nrw.de/fileadmin/dateien/PDF/Mehr_Chancen_durch_Bildung.pdf), Zugriff am 21.12.2014

Ministerium für Schule und Weiterbildung des Landes Nordrhein-Westfalen (MSW NRW). (Hrsg.). (2008). *Richtlinien und Lehrpläne für die Grundschule in Nordrhein-Westfalen.* Frechen: Ritterbach.

Ministerium für Schule, Jugend und Kinder des Landes NRW (MSJK NRW) (Hrsg.). (2003). *Erfolgreich starten! Schulfähigkeitsprofil als Brücke zwischen Kindergarten und Grundschule. Eine Handreichung.* Frechen: Ritterbach Verlag.

Moser, U & Bayer, N. (2010). *EDK-Ost 4bis8: Schlussbericht der summativen Evaluation.* Bern: Schulverlag plus.

Müller, U. B. (2014). *Kinder im verzahnten Übergang vom Elementar- zum Primarbereich.* Opladen: Budrich UniPress Ltd.

Neuß, N., Henkel, J., Pradel, J. & Westerholt, F. (2014). *Übergang Kita-Grundschule auf dem Prüfstand. Bestandsaufnahme der Qualifikation pädagogischer Fachkräfte in Deutschland.* Wiesbaden: Springer VS.

Nickel, H. (1988). Die Schulreife – Kriterien und Anhaltspunkte für Schuleingangsdiagnostik und Einschulungsberatung. In R. Portmann (Hrsg.), *Kinder kommen zur Schule* (S. 44–58). Frankfurt am Main: Arbeitskreis Grundschule.

Niesel, R. & Griebel, W. (2015). KinderStärken für den ersten Übergang: Von der Familie in die Kindertageseinrichtung. In: Büker, P. (Hrsg.): *Kinderstärken – Kinder stärken.* (S. 89–100). Stuttgart: Kohlhammer.

Niklas, F., Schmiedeler, S. & Schneider, W. (2010). Heterogenität in den Lernvoraussetzungen von Vorschulkindern. *Zeitschrift für Grundschulforschung,* 1, 18–31.

Oberhuemer, P. (2012). Kindergarten und Schule: Verbindungskonzepte im europäischen Kontext. In A. Diller, H. R. Leu & Th. Rauschenbach (Hrsg.), *Wie viel Schule verträgt der Kindergarten? Annäherung zweier Lernwelten* (S. 235–249). München: Verlag Deutsches Jugendinstitut.

Peters, L. (2012). »When the Bell Rings we Go Inside and Learn«. *Children´s and Parents´ Understandings of the Kindergarten Transition.* (http://www.hfrp.org/publications-resources/browse-our-publications/getting-parents-ready-for-kindergarten-the-role-of-early-childhood-education), Zugriff am 21.12.2014

Peters, S. (2003). »I Didn't Expect That I Would Get Tons of Friends. More Each Day« – children's experiences of friendship during the transition to school. *Early years: an international journal of research and development,* 1, 45–54.

Petillon, H. (1993). *Das Sozialleben des Schulanfängers. Die Schule aus der Sicht des Kindes.* Weinheim: Beltz Psychologie-Verlags-Union.

Petillon, H. (2014). Grundschulkinder und ihre sozialen Beziehungen. In W. Einsiedler et al. (Hrsg.), *Handbuch Grundschulpädagogik und Grundschuldidaktik* (4., ergänzte und aktualisierte Auflage) (S. 182–190). Bad Heilbrunn: Verlag Julius Klinkhardt.

Plehn, M. (2012).»Unter Schulfähigkeit verstehe ich ...«. Eine Interviewstudie mit Erzieher/-innen. In S. Pohlmann-Rother & U. Franz (Hrsg.), *Kooperation von KiTa und Grundschule. Eine Herausforderung für das pädagogische Personal* (S. 22–31). Köln: Carl Link.

Rauer, W. & Schuck, K. D. (2004). *FEESS 1-2. Fragebogen zur Erfassung emotionaler und sozialer Schulerfahrungen von Grundschulkindern erster und zweiter Klassen.* Göttingen: Beltz-Test.

Rauschenbach, Th. (2010). Kindergarten oder Schule? Antworten auf ein ungeklärtes Nebeneinander. In A. Diller, H. R. Leu & Th. Rauschenbach (Hrsg.), *Wie viel Schule verträgt der Kindergarten? Annäherung zweier Lernwelten* (S. 21–42). München: Verlag Deutsches Jugendinstitut.

Reichmann, E. (2011).»dann wissen sie schon, wie´s in der Schule ist«. *Die Grundschulzeitschrift,* 250, 38–41.

Reusser, K., Pauli, Ch. & Elmer, A. (2011). Berufsbezogene Überzeugungen von Lehrerinnen und Lehrern. In E. Terhart, H. Bennewitz & M. Rothland (Hrsg.), *Handbuch der Forschung zum Lehrerberuf* (S. 478–495). Münster: Waxmann.

Roßbach, H.-G. (2010). Bildungs- und Lernverläufe im Übergang. In A. Diller, H. R. Leu & Th. Rauschenbach (Hrsg.), *Wie viel Schule verträgt der Kindergarten? Annäherung zweier Lernwelten* (S. 75–89). München: Verlag Deutsches Jugendinstitut.

Scheerer-Neumann, G. (1998). Stufenmodelle des Schriftspracherwerbs – Wo stehen wir heute? In H. Balhorn, H. Bartnitzky, H. Büchner & A. Speck-Hamdan (Hrsg.), *Schatzkiste Sprache 1. Von den Wegen der Kinder in die Schrift* (S. 54–62). Frankfurt am Main: Grundschulverband – Arbeitskreis Grundschule e. V.

Schenk, Ch. (2012). *Lesen und Schreiben lernen und lehren. Eine Didaktik des Schriftspracherwerbs* (9., überarbeitete Auflage). Baltmannsweiler: Schneider Verlag Hohengehren.

Schick, H. (2012). *Entwicklungspsychologie der Kindheit und Jugend. Ein Lehrbuch für die Lehrerausbildung und schulische Praxis.* Stuttgart: Kohlhammer.

Schneider, I. K. (2001). Kinder kommen in die Schule. Schulanfang aus biographischer Perspektive. In I. Behnken & J. Zinnecker (Hrsg.), *Kinder.*

Kindheit. Lebensgeschichte. Ein Handbuch (S. 458–472). Seelze-Velber: Kallmeyer.

Schneider, W. (2004). Frühe Entwicklung von Lesekompetenz: Zur Relevanz vorschulischer Sprachkompetenzen. In U. Schiefele, C. Artelt, W. Schneider & P. Stanat (Hrsg.), *Struktur, Entwicklung und Förderung von Lesekompetenz. Vertiefende Analysen im Rahmen von PISA 2000* (S. 13–36). Wiesbaden: VS Verlag für Sozialwissenschaften.

Schrader, F.-W., Helmke, A. & Hosenfeld, I. (2008). Stichwort: Kompetenzentwicklung im Grundschulalter. *Zeitschrift für Erziehungswissenschaft*, 1, 7–29.

Schwippert, K., Hornberg, S., Freiberg, S. & Stubbe, T.C. (2007). Lesekompetenz von Kindern mit Migrationshintergrund im internationalen Vergleich. In W. Bos et al. (Hrsg.), *IGLU 2006. Lesekompetenzen von Grundschulkindern im internationalen Vergleich* (S. 249–269). Münster: Waxmann.

Sechtig, J., Freund, U., Roßbach, H.-G. & Anders, Y. (2012). Das Modellprojekt »KiDZ – Kindergarten der Zukunft in Bayern« – Kernelemente, zentrale Ergebnisse der Evaluation und Impulse für die Gestaltung des Übergangs vom Kindergarten in die Grundschule. In S. Pohlmann-Rother & U. Franz (Hrsg.), *Kooperation von KiTa und Grundschule. Eine Herausforderung für das pädagogische Personal* (S. 174–188). Köln: Carl Link.

Seckinger, M. (2010). Kooperation zwischen Kindergarten und Schule: kein einfaches Unternehmen. In A. Diller, H. R. Leu & Th. Rauschenbach (Hrsg.), *Wie viel Schule verträgt der Kindergarten? Annäherung zweier Lernwelten* (S. 201–214). München: Verlag Deutsches Jugendinstitut.

Sekretariat der Ständigen Konferenz der Kultusminister der Länder in der Bundesrepublik Deutschland (KMK) (1997). *Empfehlungen zum Schulanfang. Beschluß der Kultusministerkonferenz vom 24.10.1997.* (http://www.kmk.org/fileadmin/veroeffentlichungen_beschluesse/1997/1997_10_24-Empfehlung-Schulanfang_01.pdf), Zugriff am 23.11.2014

Sekretariat der Ständigen Konferenz der Kultusminister der Länder in der Bundesrepublik Deutschland (KMK) (2002). *PISA 2000 – Zentrale Handlungsfelder. Zusammenfassende Darstellung der laufenden und geplanten Maßnahmen in den Ländern.* (http://www.kmk.org/fileadmin/pdf/Presse-UndAktuelles/2002/massnahmen.pdf), Zugriff am 23.11.2014

Siedenbiedel, C. (2014). Inklusion im deutschen Bildungssystem – eine Bestandsaufnahme. *Schulpädagogik heute*, 10. (http://www.schulpaedagogik-heute.de/index.php/sh-zeitschrift-10-14/basisartikel#download-des-artikels), Zugriff am 23.02.2015

Smidt, W. (2013). Vorschulische Förderung im Kindergartenalltag. In G. Faust (Hrsg.), *Einschulung. Ergebnisse aus der Studie »Bildungsprozesse,*

Kompetenzentwicklung und Selektionsentscheidungen im Vorschul- und Schulalter (BiKS)« (S. 69–82). Münster: Waxmann.

Speck-Hamdan, A. (2010). Die flexible Eingangsstufe. Konzepte und Erfahrungen. In A. Diller, H. R. Leu & Th. Rauschenbach (Hrsg.), *Wie viel Schule verträgt der Kindergarten? Annäherung zweier Lernwelten* (S. 217–234). München: Verlag Deutsches Jugendinstitut.

Spieß, E. (2004). Kooperation und Konflikt. In H. Schuler (Hrsg.), *Organisationspsychologie – Gruppe und Organisation* (S. 193–247). Göttingen: Hogrefe.

Stiftung Bildungspakt Bayern (Hrsg.). (2007). *Das KiDZ-Handbuch. Grundlagen, Konzepte und Praxisbeispiele aus dem Modellversuch »KiDZ-Kindergarten der Zukunft in Bayern«*. Köln: Wolters Kluwer.

Strätz, R. (2010). Kooperation zwischen Kindergarten und Grundschule. Administrative Vorgaben und praktische Erfahrungen. In A. Diller, H. R. Leu & Th. Rauschenbach (Hrsg.), *Wie viel Schule verträgt der Kindergarten? Annäherung zweier Lernwelten* (S. 63–72). München: Verlag Deutsches Jugendinstitut.

Strätz, R., Solbach, R. & Holst-Solbach, F. (2007). *Bildungshäuser für Kinder von drei bis zehn Jahren. Expertise.* Berlin: Bundesministerium für Bildung und Forschung.

Sturmhöfel, N. (2012). Das baden-württembergische Modellprojekt »Bildungshaus 3-10« – Ein neuer Weg der Übergangsgestaltung? In S. Pohlmann-Rother & U. Franz (Hrsg.), *Kooperation von KiTa und Grundschule. Eine Herausforderung für das pädagogische Personal* (S. 220–232). Köln: Carl Link.

Tietze, W. (2004). Pädagogische Qualität in Familie, Kindergarten und Grundschule und ihre Bedeutung für die kindliche Entwicklung. In G. Faust, M. Götz, H. Hacker & H.G. Roßbach (Hrsg.), *Anschlussfähige Bildungsprozesse im Elementar- und Primarbereich* (S. 139–153). Bad Heilbrunn: Klinkhardt.

Ullmann, E. (2008). *Schulstarter: Screening zum Erfassen der Lernvoraussetzungen für Klasse 1.* Berlin: Cornelsen.

Valtin, R. (1997). Stufen des Lesen- und Schreibenlernens. Schriftspracherwerb als Entwicklungsprozeß. In D. Haarmann (Hrsg.), *Handbuch Grundschule* (Band 2, Fachdidaktik: Inhalte und Bereiche grundlegender Bildung) (3., aktualisierte und neu ausgestattete Auflage) (S. 76–88). Weinheim & Basel: Beltz.

Velten, K. (i.V.). HandlungsSpielRäume – Selbst- und Mitbestimmungsmöglichkeiten von Kindern in Kindertageseinrichtung und Grundschule. In S.

Hahn, J. Asdonk, D. Pauli & C. T. Zenke (Hrsg.), *Differenz erleben – Gesellschaft gestalten*. Schwalbach im Taunus: Wochenschau Verlag.

Vogt, F., Zumwald, B., Urech, Ch. & Abt, N. (2010). *EDK-Ost 4bis8. Schlussbericht der formativen Evaluation*. Bern: Schulverlag plus.

Völker, S. & Schwer, Ch. (2012). Lehrer/-innen-Schüler/-innen-Beziehungen und ihr Einfluss auf die Entwicklung von Kindern: Was sagt die Forschung? In C. Solzbacher, S. Müller-Using & I. Doll (Hrsg.), *Ressourcen stärken! Individuelle Förderung als Herausforderung für die Grundschule* (S. 296–308). Köln: Carl Link.

von Bülow, K. (2011). *Anschlussfähigkeit von Kindergarten und Grundschule. Rekonstruktion von subjektiven Bildungstheorien von Erzieherinnen und Lehrerinnen*. Bad Heilbrunn: Verlag Julius Klinkhardt.

Wehner, F. & Pohlmann-Rother, S. (2012). Zur Verbreitung von Kooperationsaktivitäten und Förderprogrammen beim Übergang in die Grundschule. In S. Pohlmann-Rother & U. Franz (Hrsg.), *Kooperation von KiTa und Grundschule. Eine Herausforderung für das pädagogische Personal* (S. 71–83). Köln: Carl Link.

Wehner, F. (2013). Entscheidungsprozesse im Zusammenhang mit einer Zurückstellung. In G. Faust (Hrsg.), *Einschulung. Ergebnisse aus der Studie »Bildungsprozesse, Kompetenzentwicklung und Selektionsentscheidungen im Vorschul- und Schulalter (BiKS)«* (S. 195–206). Münster: Waxmann.

Wolf, K. & Grgic, M. (2009). *Kindertagesbetreuung im europäischen Vergleich. Die Chancen von EU-SILC und die aktuellen Grenzen*. München: Deutsches Jugendinstitut e. V.

Wong, M.A. (2014). Voices of Children, Parents and Teachers: How Children Cope With Stress During School Transition. *Early Child Development and Care*. DOI:10.1080/03004430.2014.948872.

Woolfolk, A. (2008). *Pädagogische Psychologie* (10. Auflage). München: Pearson.

Wustmann, C. (2007). Resilienz. In Bundesministerium für Bildung und Forschung (BMBF) (Hrsg.), *Auf den Anfang kommt es an: Perspektiven für eine Neuorientierung frühkindlicher Bildung* (Bildungsforschung, Band 16) (S. 119–190). Bonn: BMBF.

Zellmer, S. (2008). *Kontinuität der Bindung vom Vorschulalter bis zur mittleren Kindheit*. Inaugural-Dissertation zur Erlangung des Doktorgrades der Philosophischen Fakultät der Heinrich-Heine-Universität Düsseldorf. (https://www.phil-fak.uni-duesseldorf.de/fileadmin/Redaktion/Institute/Erziehungs¬wissenschaften/Abteilungen/Psychologie/Dissertation_Svenja_Zellmer.pdf), Zugriff am 14.11.2014.